BIBLIOTECA DE CRIMINOLOGÍA

Sergio Sánchez Rodríguez
(Director)

Carlos Antonio Agurto Gonzáles
Sonia Lidia Quequejana Mamani
Benigno Choque Cuenca
(Coordinadores Generales)

James A. Brussel

Fichero de un psiquiatra criminalista

Edición al cuidado de
Carlos Antonio Agurto Gonzáles
Sonia Lidia Quequejana Mamani
Benigno Choque Cuenca

Ediciones Olejnik

Título: Fichero de un psiquiatra criminalista

© James A. Brussel

Traducción de María Victoria Lentini

© Ediciones Olejnik
Huérfanos 611, Santiago - Chile
E-mail: contacto@edicionesolejnik.com
Web site: http://www.edicionesolejnik.com

Primera edición en Ediciones Olejnik: 2019

ISBN: 978-956-392-664-4

Diseño de Carátula: Ena Zuñiga
Diagramación: Luis A. Sierra Cárdenas

Impreso en Argentina 2019 Printed in Argentina

ÍNDICE

Deseo expresar mi más sincero agradecimiento a
Max Gunther por su valiosísima ayuda para
preparar este libro.

J.A.B.A cuatro encantadoras señoras, mis nietas
Deborah, Elizabeth, Melinda y Tania.

INTRODUCCIÓN

Resulta una injusticia literaria que el formidable autor de este libro, James A. Brussel, doctor en medicina, sea un personaje real. Debería encontrarse solo en la imaginación de un novelista este superagente inflexible, mordaz, sensato, que pone de manifiesto un crimen desconcertante, investiga las escasas pruebas que pone a su disposición la policía, se concentra con una intensidad feroz y luego halla la solución lanzando una serie de frases inesperadas como: «Se busca un hombre grueso. De mediana edad. Extranjero. Católico. Soltero. Vive con un hermano o hermana.» Y, como remate, antes de despedirse, añade: «Cuando lo encuentren, probablemente llevará una chaqueta cruzada y *abotonada.*»

Por muy inverosímil que parezca esta obra es esencialmente auténtica. Conocerán todos los detalles por las propias palabras del autor de «El terrorista loco», el primero de los seis casos que se relatan. El doctor Brussel no es detective, sino un médico psiquiatra cuya habilidad para estudiar un crimen cometido por alguien evidentemente psicópata o loco y por el cual identifica al criminal —no solo su naturaleza sino incluso su apariencia personal e idiosincrasia y en algunos casos las personalidades de los miembros de su familia— le han valido un nombre famoso en los círculos de la policía. Al verle trabajar —como yo tuve oportunidad— uno retrocede a la primera juventud, enfrascado en la lectura de las aventuras de Sherlock Holmes.

La primera vez que me tropecé con el doctor Brussel y con sus insólitas dotes fue a finales de 1964, mientras reunía material para mi libro *El estrangulador de Boston.* Once mujeres, entre los diecisiete y los setenta y cinco años, se habían encontrado estranguladas y violadas en el área de Boston en el curso de unos veinte meses. La Oficina del Fiscal General, ocupada en uno de los más intensos casos de persecución de la historia, buscó ayuda en un comité de eminentes criminalistas: ¿podían exponer un perfil psiquiátrico del estrangulador o estranguladores? ¿Qué clase de hombres debía buscar la policía? ¿Qué clase de trabajo debía hacer? ¿Dónde buscarlo?

Entre los miembros del comité con los que debía hablar se hallaba el doctor Brussel. Lo encontré en su despacho de la parte baja de Nueva York, no lejos del Ayuntamiento. En la puerta había el siguiente rótulo: «Delegado Auxiliar de Higiene Mental del Estado de Nueva York». La primera impresión que me produjo el doctor Brussel fue la de un hombre con una personalidad polifacética. (Luego supe que había escrito media docena de libros, desde una novela titulada *Just Murder, Darling (Solo un crimen, querida)* a *The Layman's Guide to Psychiatry (Guía de la psicología para el profano)* y que además de sus servicios neuropsiquiátricos durante la Segunda

Guerra Mundial y el conflicto de Corea, había tomado parte en las actividades de contraespionaje en Méjico para el FBI y la CIA.

El hombre que me recibió no tenía nada especial. Era, como él mismo había descrito, un hombre con una voz recia y firmes opiniones. Se sentó en el sillón giratorio, puso los pies en la mesa y sin detenerse procedió a describir un vivo cuadro del hombre que según él la policía descubriría como el estrangulador de Boston. «¿Un hombre?», pregunté. Sabía que todos sus colegas pensaban que por lo menos se hallaban comprometidos dos estranguladores (algunos policías suponían que habría unos once estranguladores. ¡Tantos como víctimas y cada uno imitando al anterior!), el primero, un joven que mató a las mujeres más viejas, porque en su locura las había identificado con la madre que había amado-odiado; el otro, un hombre de más edad que por razones psicópatas estranguló a las víctimas más jóvenes.

El doctor Brussel movió la cabeza con energía. Un hombre. No lo duden. ¿Su edad? De unos treinta años, posiblemente, cuarenta. Su aspecto —ni alto ni bajo, ni grueso ni delgado— nadie se sentiría inclinado a mirarlo dos veces. Seguramente, procedente del sur de Europa. Probablemente todavía vivía si no se había suicidado, lo cual no era probable. El doctor Brussel explicó a grandes rasgos cómo había llegado a esas conclusiones. Luego, añadió repentinamente. «No espero más estrangulaciones. No volverá a matar. Parece extraño dicho de este modo, pero está curado del motivo que lo impulsó a estrangular.» Y volvió a explicar la razón.

Me marché muy impresionado, pues era un informe claramente minoritario, luego escribí que el doctor Brussel había indicado que «en este momento él (el estrangulador de Boston) se encontraría en medio de la gente, acudiendo a sus asuntos, mezclándose con la muchedumbre en las calles, en los autobuses, en los cines, en las fiestas dadas en casas particulares, sin que nadie lo supiera.»

Las conclusiones del doctor Brussel resultaron exactas. Mientras los dos hablábamos, el hombre que más tarde fue descubierto como el estrangulador de Boston —y solo había uno— se dedicaba a sus actividades en la ciudad, se mezclaba sin despertar sospechas con la gente, un hombre considerado un esposo afectuoso y un cariñoso padre. También resultó tener unos treinta años, de aspecto corriente, de origen italiano, y no hubo más estrangulaciones.

Conan Doyle —a pesar de negarle el doctor Brussel —no habría sido más exacto.

Los seis casos que el doctor Brussel nos describe son de un interés inusitado, cada uno en su género. Nos lo cuenta en un estilo simple, sin tecnicismos pero —y el lector debe estar preparado— de un modo contundente. El asunto del libro es espeluznante y el doctor Brussel no es persona que le guste paliar. Todos los casos están relacionados con asesinatos o intentos de asesinato; unos han sido solucionados, otros, quedan por resolver. En algunos casos el doctor Brussel ha tenido menos éxito que en otros, pero si no es tímido al demostrar que sus suposiciones eran acertadas tampoco duda en reconocer sus equivocaciones y en reprenderse a sí mismo cada vez. Pero el porcentaje de sus éxitos es tan elevado que supera el de sus fracasos.

De las experiencias que relata en estas páginas se puede extraer una lección; una, que durante mucho tiempo me ha fascinado y que el autor subraya de forma contundente, y es el hecho de que los impulsos que se esconden tras los actos de un loco poseen su propia lógica. El criminal psicópata no actúa de una forma totalmente irracional. En su locura *hay* un método; hay una lógica, una razón oculta en lo que hace y en cómo lo hace, por muy extraña e irrazonable que parezca. Lo que debe encontrar el psiquiatra-criminalista es la lógica; y esta pista, esta búsqueda de las matemáticas ocultas en la mente perturbada, esta reconstrucción del juego de ajedrez cuyas fichas mueve el loco, es lo que el doctor Brussel maneja de forma tan hábil.

El autor saca otra conclusión. Es asombroso que tantos seres seamos cuerdos y permanezcamos cuerdos. Como él indica: «Es notable que la mente humana funcione totalmente, que siendo de una complejidad tan fantástica reaccione como una máquina, y lo que aún es más notable es que la mayoría de nosotros consigamos conservar este mecanismo intrincado y extraordinariamente variable la mayor parte de las veces bajo una especie de control, viviendo unos con otros en una tolerable armonía.»

Aquí tienen ustedes al doctor Brussel y seis de sus exploraciones entre los bastidores de un mundo absurdo y violento, y lo que ha descubierto en él.

GEROLD FRANK

PREÁMBULO

EL SHERLOCK HOLMES PSIQUIATRA

Un joven periodista cegato se refirió a mí una vez como «El psiquiatra James Brussel o el Sherlock Holmes del diván.» Es halagüeño, pero inexacto. En primer lugar, dudo que me parezca al gran detective de Conan Doyle. Es cierto que fumo en pipa cuando pienso y soy delgado (otro periodista me describió una vez como «de constitución enclenque»), pero no creo que pueda dar pie a tal comparación. No uso narcóticos ni soy un genio. Por otra parte, en mi consultorio no hay ningún diván. Mis pacientes se limitan a sentarse o reclinarse en un cómodo sillón de cuero y me hablan cara a cara. Mi rostro no es tan atractivo para que mis enfermos se sientan impulsados a mirarlo, pero si quieren pueden hacerlo. Tengo una cara lo suficiente cómoda para que la miren. Es una cara humana corriente, marcada por las huellas de muchos años.

Otros reporteros de periódicos, revistas y televisión me han dado nombres tan embarazosos como el «Profeta psiquiatra» y el «Profeta de la calle Doce». Es cierto que vivo en la calle Doce, al oeste de Manhattan, pero no hay nada exacto en estos títulos. Lo único que he hecho para que mi nombre saliera en los periódicos ha sido aplicar al revés algunos de los procedimientos corrientes en psiquiatría usando mi mezcla particular de ciencia, intuición y esperanza. Con este procedimiento he podido ayudar a la policía a resolver algunos de los casos criminales más extraños y me han convocado como testigo experto en algunas causas famosas.

Es todo lo que hay en estos apodos.

Generalmente, un psiquiatra estudia a un hombre y puede hacer unas cuantas predicciones razonables acerca de lo que ese hombre realizará en el futuro —cómo va a reaccionar ante tal o cual estímulo, cómo se conducirá en determinada situación—. Lo que yo he hecho ha sido invertir los términos de la profecía. Al estudiar los actos de un hombre he deducido qué tipo de hombre podría ser. Esta técnica es la que me lanzó primero a la plataforma pública en el caso del conocido «Terrorista Loco», de Nueva York, en 1957. Luego, he usado la misma técnica para ayudar a la policía a seguir las huellas de otros delincuentes. Esta técnica carece de magia, como espero demostrar. Fue sencillamente mi sistema de aplicar lo que había aprendido de las personas durante los años de estudio y deseo de aprender y mi manera de actuar para desentrañar el gran misterio del comportamiento humano.

Empecé, a comienzos de 1930, deseando saber, cuando era un joven doctor en psiquiatría interno en el «Pilgrim State Hospital», de Long Island, Nueva York.

Trabajé estrechamente con delincuentes durante la Segunda Guerra Mundial; primero como jefe del servicio neuropsiquiátrico del Ejército en Fort Dix, en Nueva Jersey y luego como psiquiatra encargado de los enfermos mentales criminales en los cuarteles disciplinarios creados recientemente por el Ejército en Greenhave, Nueva York. Más tarde, siguió un período de vida civil, durante el cual trabajé como director auxiliar de un hospital frenopático, conferenciante universitario y asesor criminalista. El Ejército me reclamó cuando el conflicto de Corea para servir como jefe del Centro Neuropsiquiátrico del Ejército en El Paso, Texas. Por último regresé a mi casa de Manhattan. Fue allí, a finales de 1950, cuando el Departamento de Policía de Nueva York me consultó por primera vez.

He colaborado en centenares de casos en mi profesión civil y militar y les voy a relatar seis. He seleccionado estos seis casos porque cada uno pone de manifiesto los hechos que considero más importantes sobre crímenes y criminales. No los he escogido para demostrarles que soy un hombre inteligente. En algunos me he equivocado, como reconozco. Analicé hechos de una forma errónea o incompleta; hice deducciones que no tenía derecho a hacer. Con algunos casos me gané el espaldarazo, con otro, no. En uno, ni la policía ni los tribunales me escucharon siquiera. En otro, las preguntas principales no fueron contestadas y quizá nunca lo serán.

La mayoría de los casos mientras seguían su curso obtuvieron una publicidad amplia y dramática. Los redactores de los periódicos y otros escritores relataron los casos cada uno a su modo, a veces con gran exactitud, otras, mucho menos y a veces sin comprender nada en absoluto. Deseo contarles los casos tal como los vi: desde el punto de vista de un psiquiatra-criminalista.

La característica dominante de un psiquiatra es su curiosidad. Se pregunta a la gente. A veces consigue respuestas satisfactorias, otras, no, pero siempre sabe que se encuentra en un vasto terreno desconocido que él y sus colegas solamente han comenzado a explorar.

Quiere conocer los motivos: por qué las personas piensan, sienten y obran como lo hacen en circunstancias ordinarias y extraordinarias. Generalmente, no le importa si un acto es considerado normal o anormal. Simplemente, quiere saber las razones de todas las reacciones humanas a los estímulos de la vida.

Si el psiquiatra es también criminalista su punto de vista puede ser ligeramente distinto, pero no de un modo fundamental. En este caso su interés se centra en los pensamientos y actos que la sociedad considera erróneos. Trata con hombres y mujeres a los que la sociedad ha condenado. El hecho de que la sociedad los censure ejerce, indudablemente, una influencia en su comportamiento. En un estímulo más en sus vidas y en muchos casos, muy poderoso. El psiquiatra-criminalista lo tiene en cuenta junto con los otros factores que conoce. Trata de mantener una actitud de fría investigación científica —sin juzgarlos ni condenarlos— simplemente preguntando por qué el criminal se ha comportado de aquel modo y cómo se le puede ayudar para que en el futuro su conducta sea menos destructiva. No es fácil mantener esta ideal objetividad científica y a menudo, un psiquiatra falla en ese esfuerzo. Se halla juzgando y condenando; amando, odiando y compadeciendo como todo el mundo. Después de todo es humano.

En este libro voy a hablarles de algunas personas a las que la sociedad ha condenado. Estoy seguro de que mis sentimientos hacia esos hombres y mujeres aparecerán entre líneas. Descubrirán, aunque intente ocultarlo, que me siento atraído por éste; aquél me desagrada y hasta siento indiferencia por cualquier otro. En aquellos momentos no pude reprimir mis sentimientos y dudo que ahora pudiera. Como todo el mundo, soy lo que soy.

¿Qué soy? Al parecer, poco más puedo decirles. No hay en mí nada interesante ni fuera de lo normal, salvo que ejerzo una profesión que hace aumentar el tiraje de los periódicos. Fuera de eso me mantengo apartado de las multitudes. Tengo cuatro nietas. Compongo palabras cruzadas. Me gusta viajar. Tengo la voz recia y firmes opiniones.

Pero ahora permítanme que les presente a un hombre mucho más interesante.

1.

«EL TERRORISTA LOCO»

Los vecinos la llamaban la Casa Loca. Se hallaba en un barrio de obreros gris y lúgubre. La calle estaba llena de agujeros y grietas. En lugar de aceras pavimentadas había caminos cubiertos de escoria. Muchos edificios necesitaban reparaciones y todos una mano de pintura. Los patios oscuros y estrechos llenos de maleza mezclada con escombros. Aquí y allá, el ojo asombrado divisaba un pedazo limpio o de color: un trozo de césped con la superficie cuidadosamente recortada; un montón de arbustos arreglados con esmero, un macizo de flores. Pero aún en estos detalles reinaba el pesimismo y la melancolía como si desde el principio se vieran abrumados por la sobrecogedora monotonía de la vecindad. Allí no podía existir la esperanza en forma de flores.

La Casa Loca era un edificio gris y destartalado de tres pisos con porches que se hundían y columnas de madera que una vez, hace muchos años, fueron blancas. El patio desierto estaba relativamente limpio. El césped consistía, en su mayor parte, en yerbas de un marrón claro pero segadas. Ningún mueble desechado u otro trasto lo desfiguraba. Una valla de madera recién pintada la separaba de las casas vecinas; así y todo, no daba la impresión de estar atendida con cariño. Ningún arbusto suavizaba el severo perfil de la alta y fea casa. Era indudable que la casa no era querida, solo guardada.

Dos chiquillos de diez años, Jimmy Lamacchia y Nick Chiwalska jugaban en la calle cerca de esta casa una tarde gris de otoño cuando la pelota saltó inadvertidamente al patio. Rodó por el camino que llevaba a la casa y se detuvo cerca de la puerta de chapa de hierro ondulada de un pequeño garaje que había al fondo.

—Ve a buscarla —dijo Jimmy— tú la arrojaste.

—Sí, pero a ti te correspondía cogerla, de modo que entra tú.

Los chicos se miraron unos segundos. Luego, Jimmy Lamacchia, un muchacho servicial que por su carácter armonioso y cooperativo se había ganado el título de árbitro en todos los juegos, entre los chicos del barrio, propuso una alternativa.

—Iremos juntos.

Nick asintió, pero transcurrieron unos segundos sin que ninguno de los dos chicos se moviera. Como todos los chiquillos del barrio, sentían un vago temor ante esta gran casa prohibida.

Los vecinos apenas conocían a los habitantes; solo sabían que los tres eran forasteros. Vivían en ella un hombre de mediana edad y dos mujeres más viejas, flacas y feas. La relación que existía entre los tres era un misterio para la vecindad. Unos decían que el hombre era polígamo, casado con las dos mujeres. Otros, que era el hijo ilegítimo de una, y algunos, la primera generación de centroeuropeos, empapada de ciencia gitana y susceptible a las ideas supersticiosas, pensaba que las dos mujeres serían brujas. Dichas teorías se discutían por encima de las vallas y en los crujientes porches los domingos por la tarde. En la calle cada uno exponía su propia teoría. En lo único en que todos estaban de acuerdo era que algo lúgubre, algo siniestro salía de aquella casa, detrás de las cortinas de las ventanas y de la puerta siempre cerrada.

Durante más de treinta años este extraño trío había ocupado la planta baja de la Casa Loca y en todo este tiempo los vecinos no habían logrado desvelar el misterio. Ni el hombre de mediana edad ni las flacas y descoloridas mujeres intentaron nunca trabar amistad con los vecinos. Se mantenían alejados. Cuando hacía buen tiempo, el hombre salía algunas veces a pasear por las calles a primera hora de la tarde. Era de estatura mediana, robusto aunque no grueso, de pelo fino color arena. Si le saludaban devolvía el saludo con una sonrisa amable diciendo: «Buenas tardes», pero nunca se detenía a charlar. Siempre parecía absorto en sus pensamientos. Caminaba con las manos en la espalda mirando al suelo. Los chiquillos lo llamaban Mr. Think (Señor Pensamiento). Las dos mujeres eran menos corteses; cuando las saludaban contestaban con un rápido movimiento de cabeza.

Las dos mujeres trabajaban. Una estaba empleada en una fábrica de cojinetes; la otra hacía funcionar una prensa de pie en un fábrica de hebillas. Mr. Think parecía no tener ninguna ocupación. Sin embargo, una o dos veces al mes, a primeras horas de la mañana, los vecinos oían un ruido metálico cuando abría la puerta del pequeño garaje. Daba marcha atrás a un cochecito «Daimler» negro, limpísimo, reluciente, cerraba cuidadosamente con llave la puerta del garaje y salía; no regresaba hasta el atardecer, a veces a medianoche. ¿Dónde iba? Los vecinos se preguntaban... y se volvían a preguntar.

El misterioso trío alquiló los dos pisos superiores de la casa a familias sin niños. El relevo de los inquilinos no cesaba nunca pues nadie quería vivir en la Casa Loca. «No sé por qué, pero esa casa me produce escalofríos», confesó una mujer a los vecinos. Ella y su marido habían alquilado el segundo piso. «A últimas horas de la noche los oigo caminar, o tocar una música extraña, y a veces salen unos ruidos del garaje como si golpearan un metal con un martillo. Aunque parece que no *hace* nada allí. Nunca saca nada.»

Corría el rumor de que en la sala de estar habían levantado una especie de capilla siniestra para oficiar una Misa Negra y que las alfombras, cortinas y los accesorios eran todos negros. Un día, dos niñas habían querido atisbar a través de las ventanas. Una de las mujeres salió como una furia gritando y agitando un objeto que las niñas identificaron como una varita mágica. Las niñas huyeron aterrorizadas. Una cayó enferma al día siguiente con paperas y una semana después la otra resbaló sobre el hielo de la calle y se rompió el pulgar. Los más viejos creyeron que estas desgracias se debían al hechizo de una bruja. Los niños ya habían advertido que no eran gratos a los habitantes de la Casa Loca pero después de aquel episodio hasta los más temerarios dejaron de acercarse al lugar.

Por lo mismo, Jimmy Lamacchia y Nick Chiwalska dudaron antes de ir a buscar la pelota.

Jimmy y Nick traspasaron inquietos el camino cogidos de la mano. La casa solitaria se alzaba frente a ellos, silenciosa, lúgubre. Enfrente estaba el pequeño garaje de chapa de metal ondulada y como siempre, con la puerta cerrada. Tenía siete ventanitas de vidrio esmerilado. Por lo que sabían todos, Mr. Think era el único que lo había visto por dentro. Casi cada día trabajaba en su escondrijo, a veces tan silencioso que nadie hubiera adivinado que se encontraba allí; otras, hacía tanto ruido que la gente que pasaba por la calle podía oír los golpes de martillo o un fuerte chirrido de metal trabajado en un torno. La tarde a que me refiero, mientras Jimmy y Nick se acercaban paso a paso, el garaje estaba en silencio.

De pie, junto al misterioso cobijo de metal y con la gran casa lúgubre ante ellos, los dos niños se armaron de valor. Era una situación de la que no podían retroceder sin honor. Incitándose mutuamente se arrastraron por detrás del garaje buscando una rendija en el metal por la que poder atisbar.

De pronto, apareció Mr. Think. Sus ojos azules resplandecían de ira tras las gafas con montura de oro.

—¿Qué hacéis aquí? —gritó—. ¿Espiar? ¿Estáis espiándome?

Jimmy y Nick echaron a correr como nunca lo hicieron en su vida.

—¡Sois unos pequeños espías, unas víboras! —gritaba Mr. Think—. La próxima vez que os coja merodeando por aquí os acordaréis de mí. ¡Vaya si os acordaréis! ¡Y esto lo digo para todos, para *todos!*

A la mañana siguiente, muy temprano, Mr. Think salió en su resplandeciente «Daimler» y no regresó hasta el anochecer.

Estaba sentado en la mesa de mi despacho de Nueva York en un frío día de invierno a finales de 1956. Frente a mí se encontraba el inspector Howard E. Finney, director del Laboratorio Criminalista del Departamento de Policía de Nueva York. Era un hombre bajo, grueso, de muchos hechos y pocas palabras. Me miraba en espera de que dijera algo. Yo contemplaba un montón de fotos y cartas que había arrojado sobre la mesa.

Las fotos y las cartas eran la única pista que tenía el inspector Finney para identificar a un misterioso y peligroso hombre conocido por «El Terrorista Loco». Durante dieciséis años, a partir de 1940, este espectral personaje había hecho estallar varias bombas de fabricación casera en lugares públicos de la ciudad. Al principio, las bombas eran pequeñas y los ciudadanos apenas les prestaron atención. Pero poco a poco las hacía cada vez mayores y más potentes y ahora la ciudad estaba aterrorizada.

Había fabricado por lo menos treinta bombas. Algunas no habían estallado y la policía las examinó y sacó fotografías. De vez en cuando, «El Terrorista Loco» escribía cartas a la policía, a los diarios y a otros medios de divulgación. Las bombas y las cartas era lo único que tenía la policía; el resto, era un misterio.

Al otro lado de la ventana de mi despacho, Nueva York continuaba su intenso tráfico. Me alcé y me dirigí a la ventana y miré el Ayuntamiento, diecisiete pisos más abajo. Era a primeras horas de la tarde. Las calles estaban atestadas de coches y camiones; las aceras, de peatones. En Nueva York viven millones de personas y muchos millones más que entran y salen cada día. Cada persona que veía debajo podía ser «El Terrorista Loco». Había un hombre de pie junto a un coche. Otro, apoyado en una puerta. Otro paseaba mirando asiduamente los edificios. Cada uno estaba en esas calles y a esa hora por alguna razón. Se sabía tan poco de «El Terrorista Loco» que prácticamente se podía escoger al azar cualquier ciudadano como sospechoso. Todos... y ninguno.

Volví a la mesa sintiéndome defraudado. En aquella época tenía mi despacho particular de psiquiatra en Nueva York, y también ejercía como delegado asesor de higiene mental y era la primera vez que la policía me consultaba un caso.

Ocurrió debido a la amistad con el capitán John Cronin, jefe de la Oficina de Personas Extraviadas de Nueva York. El capitán Cronin y yo habíamos colaborado juntos como portavoces en las convenciones de los jefes de policía. Nos conocíamos bien. Él sabía mi interés y experiencia con los delincuentes criminales y un día le habló de mí al inspector Finney.

Un caso tan largo como el de «El Terrorista Loco» —dieciséis años— tenía en ascuas a Finney y dispuesto a agarrarse a un clavo ardiendo se agarró a mí.

Yo también pensé que se trataba de un caso desesperado.

—Escuche —le dije al capitán Cronin—, no sé lo que pretende de mí, pero si los expertos han fracasado en este caso después de tantos años de investigaciones, ¿qué puede esperar de mi colaboración?

—Tal vez llegue a alguna conclusión. El inspector Finney necesita una mano. El comisario le apremia para que consiga un resultado.

—Pero...

—Vamos... ¡Échele una mano, doctor! A veces la diferencia entre el fracaso y el éxito consiste en una idea nueva.

De este modo acordé hablar con el inspector Finney.

Acompañado por dos detectives vino a verme a mi consultorio en el piso diecisiete del número 270 de Broadway trayendo un montón de cartas y fotografías. Me impresionaron sus modales decididos, rápidos, alertos, su manera de expresar lo que quería en un lenguaje directo y conciso. No lo había visto nunca pero sabía que era un experto forense en psiquiatría y muy apreciado como científico y como organizador. (En los últimos años había ordenado un departamento de policía de Buffalo que se hallaba corrompido y después dirigió la oficina de Nueva York de la Comisión Portuaria Nueva York-Nueva Jersey.) Por lo tanto era un hombre inteligente. Sabía que no iba a engañarle con una fraseología de psiquiatra ni a convencerle con circunloquios como «Quizá, pero por otra parte...». No, a este hombre, no. Quería respuestas directas o nada.

—Le agradeceré cualquier idea que tenga sobre el caso, doctor —me dijo el inspector Finney.

No me pasó inadvertida la mirada de los dos hombres vestidos de paisano que lo acompañaban. Aquella mirada la había visto antes. Casi siempre en el Ejército, en las caras de los oficiales veteranos, duros, acostumbrados a estar en campaña, seguros de que este asunto de la psiquiatría no era más que una pamplina, y lo que es peor, una señal de debilidad en el Ejército. El único modo de hablar a los hombres era decirles lo que debían hacer y si no obedecían encerrarles en el calabozo. No iban a perder el tiempo hablando con un mal soldado para preguntarle por qué era malo. ¿Para qué necesitaba el Ejército un psiquiatra? Y esa misma actitud es la que veía en mi consultorio de Nueva York. Los dos detectives estaban completamente seguros de que el inspector Finney perdía su tiempo y el de ellos. Se movían inquietos, lanzaban suspiros y cambiaban miradas entre divertidas e impacientes. Apresar criminales es asunto de la policía. ¿Qué sabía de eso un psiquiatra?

Notaba que me estaban juzgando así como a mi profesión, y cosa rara, yo era también uno de mis acusadores en este fantástico juicio de ingenio. ¿Acaso sabía lo suficiente sobre criminales para decir algo cuerdo al inspector Finney? En mi profesión había visto centenares de delincuentes, pero, ¿había aprendido bastante de ellos y sobre ellos?

Había conseguido algunos pequeños éxitos en el trabajo de detective-psiquiatra, pero, ¿cuántos de estos éxitos se debían a mis conocimientos y cuántos a la ciega fortuna? ¿Qué tenía yo que hacer sentado en medio de estos policías expertos y diestramente adiestrados?

De un modo humilde y ambiguo me puse a estudiar los documentos que había traído el inspector Finney. En algún lugar de Nueva York o cerca de la ciudad se hallaba suelto un hombre completamente loco.

Había colocado la primera bomba el 16 de noviembre de 1940. No estaba bien hecha y no estalló. Los obreros de la «Consolidated Edison Company», situada en la calle Sesenta y Cuatro, Oeste, de Manhattan, la encontraron en la repisa de una ventana dentro de una bolsa de herramientas. Estaba construida con un trozo de tubo de latón relleno de pólvora y que la Maestranza de Artillería consideró había sacado de las balas de un rifle. No había huellas. Iba envuelta en una nota que decía: «Bribones de Con Edison, esto es para vosotros».

La policía sentía curiosidad por esta nota. Si la bomba hubiera estallado la nota se hubiera destruido. ¿Tenía intención el terrorista de destruirla? ¿La había escrito solo para satisfacer un impulso sabiendo que los «bribones de Con Ed» nunca la leerían? ¿O se hallaba tan fuera de la realidad que ni siquiera lo había pensado? O bien —una tercera posibilidad—, ¿había planeado deliberadamente que la bomba no estallase? ¿Tenía solo el propósito de asustar a la «Con Ed»?

La «»Consolidated Edison Company» suministra la energía eléctrica a Nueva York. Es una vasta organización con millares de empleados y millones de clientes. En el trato diario de sus asuntos, como cualquier otra compañía, sostenía frecuentes discrepancias con la gente en general, con los empleados, por el trabajo, y con los clientes, por las facturas. La policía sospechó que el terrorista experimentaba algún género de rencor hacia la compañía. Estaba agraviado por alguna injusticia real, o imaginaria. No obstante, parecía casi imposible averiguar quién pudiera ser. Al examinar los archivos del personal de la compañía la policía encontró centenares de casos de empleados despedidos recientemente; solicitudes de aumento denegadas, o bien, tratos que podían haber provocado en ellos la cólera. También existían centenares de litigios recientes con clientes sobre las facturas, fallos en el suministro eléctrico y otros asuntos.

Lo único que podía esperar la policía era que el terrorista estuviera ahora satisfecho de su venganza. El episodio fue archivado y olvidado. No pasó por la prensa. En la vida de la inmensa metrópolis habían sucedido casos mucho más interesantes el 16 de noviembre de 1940. Se informó sobre asesinatos, robos, incendios, maniobras políticas y llegadas de personalidades célebres. En Europa había estallado una guerra cruenta. Aquel día, el hallazgo de un pequeño artefacto que no llegó a estallar no era noticia.

En septiembre de 1941 se encontró una segunda bomba que no estalló, en la calle Diecinueve, cerca de la Cuarta Avenida, a cinco manzanas de la oficina central de la «Consolidated Edison» situada entre Irving Place y la calle Catorce. Estaba en la calle metida dentro de un calcetín de lana de caballero. Esta vez no había ninguna nota, pero la maestranza de artillería la identificó como similar a la bomba hallada en «Con Ed» el año anterior. El disparador del despertador no tenía cuerda. La policía sacó la conclusión de que el terrorista había tenido intención de colocar la bomba dentro o cerca de las oficinas de la «Con Ed», pero por cualquier motivo se había asustado. Tal vez vio una patrulla y huyó. De todos modos, había dejado caer la bomba en la calle sin preparar la espoleta. También este episodio dejó de aparecer en los periódicos.

Tres meses después, los Estados Unidos entraban en la guerra. Al poco tiempo, una carta extraña echada al correo desde los suburbios del distrito de Westchester, al norte de la ciudad, llegó a la Jefatura Superior de Policía, situada en la parte baja de Manhattan. Estaba escrita en letras mayúsculas y decía: «Durante la guerra no haré más bombas. Mis sentimientos patrióticos influyen en esta decisión. Después llevaré a la justicia a la «Con Edison». Pagarán por sus hechos cobardes... — F. P.»

La carta estaba escrita con tinta en una hoja sencilla de papel blanco de máquina de escribir. Años después, la policía se acostumbró a la pulcra impresión hecha a mano, al estilo peculiar de terminar las frases con guiones en lugar de puntos; a la frase repetida «hechos cobardes» y a las misteriosas iniciales F. P.

Entre 1941 y 1946, por lo menos otras dieciséis cartas firmadas F. P. se recibieron en «Con Ed», *The New York Times*, y varios salones de espectáculos de Manhattan, almacenes y hoteles. Es probable que más de una docena llegaran a otras manos, pero las personas que las recibieron, quienquiera que fueran, las consideraron, por lo visto, una broma estúpida y no se preocuparon de notificarlo a la policía. Las cartas mencionaban «hechos cobardes» y «actos de vampirismo», pedían justicia por perjuicios que no especificaba y amenazaban con tirar más bombas. Luego, durante los cuatro años siguientes, no se volvió a saber más de F. P.

La guerra había terminado. La década de 1940, que había comenzado bajo el signo del temor y el pesimismo, terminó en un brillante optimismo. El tiempo era bueno. La gente tenía dinero en los bolsillos y los recuerdos de la guerra se iban borrando poco a poco, y los que quedaban de las bombas sin estallar en «Con Ed» en 1940 y 1941 se habían borrado por completo. Entonces, el 29 de marzo de 1950, apareció una tercera bomba que tampoco estalló, en la parte inferior de la Gran Estación Central de Ferrocarriles de Nueva York.

Los detectives de la maestranza de artillería reconocieron el modelo. Esta tercera bomba era básicamente igual que la primera, pero un poco mayor, y el trabajo más perfecto, como si en el espacio de nueve años el terrorista hubiera perfeccionado su trabajo en el metal. Este artefacto, pulcramente forjado, estaba hecho de un trozo de cañería de unas seis pulgadas de largo por una de ancha, con obturadores atornillados en ambos extremos. La espoleta estaba hecha de un reloj barato. El terrorista había sacado el cristal y arrancado el minutero, soldado un alambre en las tapas del reloj y había unido el otro cabo al extremo positivo de una batería de *flash.* La otra parte de este ingenioso circuito atravesaba el tubo lleno de pólvora desde el extremo negativo a una distancia de chispa y retrocedía a un montaje aislante del reloj. Cuando la manecilla de las horas llegaba al montaje y tocaba el alambre se completaba el circuito y saltaba la chispa.

Por fortuna, ésta tampoco había estallado, pero sí la siguiente. Estalló en una cabina telefónica de la Biblioteca Pública de Nueva York el 24 de abril de 1950. Otra estalló cuatro meses después en una cabina telefónica de la *Grand Central.* Aunque parezca increíble, en ninguna de estas dos explosiones nadie resultó herido. En septiembre se encontró una sexta bomba, que no estalló, en una cabina telefónica de la oficina de «Con Ed». Otra, que tampoco estalló, llegó por correo dos semanas después a la misma oficina de «Con Ed», y aún apareció otra en un cine, que tampoco funcionó. El terrorista había rajado la parte inferior de una butaca y había metido la bomba dentro del tapizado.

Pocos días antes de la Navidad de 1950, el *Herald Tribune* de Nueva York recibió una carta. Estaba escrita en tinta sobre papel blanco, con letras mayúsculas, y procedía de Mount Kisco, uno de los barrios más opulentos del distrito de Westchester. Decía: «Al director del *Herald Tribune.* Usted ha visto las bombas en su ciudad. Si le inquietan, lo siento. Y también si alguien sufre una herida. Pero no puede evitarse. Pues hay que ayudar a la justicia. No me encuentro bien y por eso haré que la «Con Edison» lo sienta. Sí, se arrepentirá de sus hechos cobardes. Los llevaré a los tribunales. La opinión pública los condenará. Les aviso que dentro de poco colocaré más bombas en los asientos de los cines. — F. P.»

Una semana después sonó el teléfono en el despacho del director del *Journal American,* de Nueva York. Lo cogió un redactor.

—Soy F. P. —dijo una voz por el teléfono—. Deseo hablar con el director.

—¿Puede repetirme el nombre, por favor? —preguntó el redactor.

Las bromas por teléfono son corrientes en los despachos de los periódicos, sobre todo por la noche. A la gente se le ocurren muchas cosas cuando el sol se ha puesto. El redactor contestó en seguida:

—El director se halla ocupado. Deme su nombre y le diré que lo llame.

—Piensa que no me conoce, ¿no es cierto? —dijo la voz a través del hilo, esta vez con acento colérico—. No publican ninguna de mis cartas en su periódico porque piensan que no soy importante. Está bien. Ya les demostraré si soy o no importante. ¡Cuidado! La próxima bomba puede llegarle a ustedes en cualquier momento. ¡En cualquier momento!

Y el misterioso personaje colgó.

El redactor nunca había oído hablar de «F. P.». Pero sí otros miembros del personal del *Journal American.* Al igual que el *Herald Tribune,* el *Journal American* había recibido algunas de esas extrañas cartas, pulcramente escritas a mano. Por orden de la policía, ningún periódico había publicado las cartas ni dedicado el más pequeño espacio a los episodios de las bombas. Por lo visto, esta falta de publicidad irritaba al terrorista.

La policía trataba deliberadamente de ocultar las noticias referentes a las actividades del terrorista. En aquella ocasión la policía tenía sus buenas razones. Siempre que un crimen, sobre todo una serie de crímenes sin resolver, recibe mucha publicidad y consigue llamar la atención del público, invariablemente aparecen por docenas los imitadores y bromistas. La policía temía que brotara una epidemia de petardistas. Al mantener oculta la noticia la policía confiaba en que el público no supiera que las bombas eran colocadas, al parecer, todas por la misma persona. Pero el terrorista se hacía cada vez más hábil. De las ocho primeras «unidades», como las llamaba él, solo habían estallado dos. Las cuatro siguientes, en 1951 y 1952, estallaron todas. Una, en una taquilla de un metro; otra en una cabina telefónica, y dos bajo los asientos de dos cines. Las explosiones fueron más fuertes que las primeras. El terrorista aumentaba gradualmente el tamaño de los artefactos. Habían herido a algunas personas. Los episodios no podían permanecer ignorados por mucho tiempo, y esto es lo que sucedió. Poco a poco, el público comenzó a darse cuenta de que un loco peligroso andaba suelto por la calle. A finales de 1952 le dieron un nombre: «El Terrorista Loco».

En 1953 puso cuatro bombas más, y todas estallaron. En 1954, otras cuatro. Una estalló bajo una butaca del «Radio City Music Hall», y parecía dos veces mayor que las que «El Terrorista Loco» había fabricado anteriormente. La extraordinaria detonación envió sobre el público, que chillaba aterrorizado, trozos de metralla mezclados con tapicería. Cuatro personas resultaron heridas, dos graves.

Aquella noche, entre el público del «Music Hall» se hallaba el extraño y solitario hombre que los niños llamaban Mr. Think. Salía del cine cuando estalló la bomba, y (como recordó luego) se hallaba entre las primeras personas del público que sacudidas de pánico llegaron a las puertas de la salida. Se sentía y parecía muy agitado. Le sobrecogió un vértigo cuando cruzaba el vestíbulo, y un acomodador lo sostuvo por un brazo.

—Créame que lo siento, señor —le dijo el acomodador.

Otro hombre, al que Mr. Think tomó por el gerente, se encontraba también en el lugar del suceso tratando de calmar a la gente.

—Lamentamos esta contrariedad, señor —le dijo a Mr. Think.

—No se preocupe, no es nada —balbuceó míster Think.

Cuando salió a la acera se recobró y una débil sonrisa apareció en su rostro. Mr. Think, aunque no poseía un gran sentido del humor, sabía aceptar una broma en determinadas circunstancias, y pensó que aquello era una broma. Decidió recordarla y contarla alguna vez cuando se presentara la ocasión.

Sin embargo, la broma estuvo a punto de costarle cara. De pie, en la acera de la Sexta Avenida y la calle Cuarenta y Nueve, tomó una segunda y firme resolución: se prometió que en el futuro construiría espoletas con más cuidado. Algo había fallado en ésta. La bomba no debía estallar tan pronto.

Se dirigió a la parte baja de la ciudad, a la Gran Estación Central, y tomó un tren para White Plains, donde tenía aparcado el coche.

En 1955, «El Terrorista Loco» intensificó sus actividades. Puso seis bombas. Dos, sin estallar, se encontraron en lo que, al parecer, era su lugar favorito: embutidas en las rajas que había bajo los asientos de las butacas de los cines. Eran mayores que las anteriores, con el reloj espoleta dentro del tubo en lugar de fuera. Otra estalló en el *Grand Central* y casi mató a un revisor.

En 1956, el público estaba furioso y asustado. El Departamento de Policía, desconcertado. Luego, cuando terminó el «affair», algunos agentes de policía se quejaron de que «Con Ed» había contribuido a sus problemas. Decían que la compañía solo había hecho un trabajo deficiente archivando viejos informes, de modo que la policía solo pudo buscar o encontrar empleados descontentos. «Con Ed» lo negó categóricamente. Lo cierto es que ni la policía ni la compañía sabían dónde encontrar los expedientes del personal antiguo en los inmensos almacenes. Un hombre o una mujer entre millares. ¿Cómo iban a dar con el expediente exacto? ¿Qué debían buscar?

Los periódicos apenas habían insinuado, a propósito, que «Con Ed» estaba envuelta en el asunto de «El Terrorista Loco», pero el público empezó a relacionar la compañía de electricidad con «El Terrorista Loco», a pesar de los esfuerzos de la policía por ocultarlo. Por ejemplo: un artículo aparecido en un periódico en 1956 observó que «El Terrorista Loco», quienquiera que fuese, estaba resentido con la compañía telefónica, con «Con Edison» o los cines.

En 1956 se puso a trabajar de firme. Colocó una bomba en los grandes almacenes «Macy's», lesionando a media docena de personas. Puso otra en una cabina telefónica del edificio RCA. Un guardia la encontró. Pensó que se trataba simplemente de un trozo de cañería que podía serle útil algún día y se la llevó a su casa, en Nueva Jersey. De haber tenido tiempo y curiosidad la habría examinado más atentamente. Era uno de los nuevos artefactos del terrorista con la espoleta montada dentro de la cubierta externa del tubo. Los dos obturadores de los extremos podían desenroscarse fácilmente, revelando lo que se encontraba dentro, pero al guardia no se le ocurrió que dentro pudiera haber nada. Se limitó a poner el trozo de cañería en la mesa de la cocina cuando llegó a su casa. Y allí se quedó, mientras él y su esposa cenaban, veían un programa de televisión, charlaban un rato y por último se fueron a dormir.

A las dos de la madrugada hizo pedazos la cocina.

Mientras tanto, el terrorista escribía más cartas, cada vez más extensas, cada vez más furiosas. Parecía defraudado por la falta de publicidad que daban a las explosiones, y todo por culpa de los periódicos al no publicar sus cartas. En algunas suplicaba a los periódicos que le dieran un titular. Sus reclamaciones, pulcramente escritas, empezaron a ser cada vez más difíciles de comprender. En marzo de 1956, por ejemplo, escribió al *Herald Tribune:*

> *«Mientras las víctimas estallan por el aire, la prensa sensacionalista no publica estos actos de vampirismo. Esos mismos vampiros me llaman psicópata –siempre que se refieren a mí como tal– o algo parecido –será contestada– donde haya una instalación eléctrica– fluya gas o vapor–. ¡Desde o a la «Con Edison Co.»! Es ahora un objetivo para las bombas. De momento se han colocado 54 bombas — 4 llamadas telefónicas. Continuarán las bombas hasta que «Con Edison» sea llevada a la justicia. He dedicado mi vida a esta tarea. Para su conocimiento no esperen más avisos por teléfono sobre las bombas colocadas en los cines. Ya no responde del esfuerzo o el dinero. Todos mis*

sufrimientos, las pérdidas financieras, todas tendrán que pagarlas. Deben estar alerta. La prensa sensacionalista de Nueva York y las autoridades se sentirán furiosas y enojadas al descubrir que cualquier persona puede ser lo que da a entender. Ellos son basura y porquería; yo solo busco justicia. — F. P.»

La señora DiChiara, que tenía un patio contiguo al de la «Casa Loca», se había preguntado a menudo qué hacía Mr. Think en su pequeño garaje. Algunas mañanas, a eso de las nueve, veía que entraba en el garaje y lo cerraba. Unas veces se quedaba hasta la hora de almorzar. Otras, Mr. Think sacaba su coche «Daimler» del garaje, luego entraba en su pequeño refugio y permanecía durante horas.

Después, o salía con su coche o lo volvía a guardar en el garaje.

La señora DiChiara no era una vecina curiosa. Llegó a familiarizarse con el horario de Mr. Think porque la ventana de su cocina daba al garaje y lo veía a menudo cuando estaba ocupada en la fregadera o en la cocina. Pensaba que en el garaje se dedicaba a algún *hobby,* una distracción para la que la casa grande no era un lugar apropiado. Le inspiraba cierta lástima. Parecía tan inofensivo, tan triste, tan solo...

En realidad, Mr. Think no era ninguna de estas tres cosas, y precisamente esos días no estaba triste; se sentía muy satisfecho de sí mismo. Tampoco estaba solo. Si lo estaba era porque quería. Prefería su propia compañía. No deseaba desordenar su vida con la presencia de otras personas. Durante años no había encontrado a nadie digno de su amistad.

Una mañana de diciembre de 1956, entró en el garaje con un periódico bajo el brazo. Una vez dentro encendió la luz y un pequeño calentador eléctrico, porque hacía una mañana fría. Miró a su alrededor satisfecho. («Éste es el único lugar de la tierra donde nadie puede molestarme», recordó más tarde. «Era mi castillo.») Junto a una pared había una mesa de trabajo limpia y resistente y colgando de la pared sus herramientas en ordenadas hileras. Le gustaban las herramientas, le gustaba trabajar con las manos. Aunque nunca lo había pensado, sus herramientas eran el símbolo de su virilidad.

Extendió el periódico sobre la mesa y lo abrió por donde había un anuncio que le llamó la atención aquella mañana al desayunarse. Era un anuncio puesto por una tienda de rebajas de Nueva York, en la que ofrecían relojes de bolsillo a 3'98 dólares cada uno. Míster Think estaba seguro de que era una trampa para «El Terrorista Loco». Él solía pagar por los relojes de cinco a diez dólares.

Abrió un cajón que había bajo la mesa, buscó en él y sacó con cuidado algo envuelto en un trapo. Lo puso sobre el periódico y lo envolvió con él. Era una bomba dos veces mayor que las que había fabricado antes. Estaba hecha de dos trozos de cañería en lugar de uno solo. Esta unidad, pensó, llamaría la atención. Se ganaría un titular. Los periódicos no podrían negarle por mucho tiempo la fama que se merecía.

Decidió que la bomba estallaría en la tienda de rebajas que ofrecía relojes baratos. Les demostraría que había descubierto la treta.

Antes, su trabajo había consistido en introducir cada bomba dentro de un calcetín de lana. Esta unidad era demasiado grande para entrar en un calcetín. Después de examinarla por última vez y admirar su trabajo durante un minuto (y lamentando, como siempre, que nadie, excepto él, pudiera ver aquella obra de artesanía), la puso dentro de una bolsa de comestibles. Puso la bolsa en el suelo del «Daimler» y lo sacó del garaje.

Llegó hasta el distrito de Westchester. Le gustaban las opulentas manzanas suburbanas de Westchester, aunque a veces le irritaba el contraste con su triste barriada. Almorzaba en un bar de White Plains. Antes, dejaba aparcado el coche allí y tomaba el tren central de Nueva York para ir a Manhattan. Sin embargo, era un hombre sumamente precavido y el viaje en tren le preocupaba. La mayor parte de los pasajeros de los trenes del mediodía que se dirigían a Nueva York eran mujeres. Le pareció que era demasiado evidente que viajase en tren a aquella hora y que la gente podría preguntarse: «¿Por qué va este hombre a Nueva York a esta hora del día?» Era posible —no probable, pero sí posible— que un revisor lo recordase y por cualquier razón lo relacionase con la bomba que estallaría en la ciudad aquel día. Por tal motivo, en los últimos años, Mr. Think iba a la ciudad en el coche y lo dejaba aparcado cerca de una estación del metro. Se sentía seguro entre la multitud que viajaba en los ruidosos metros. Uno tendría que hacer algo realmente insólito para que en los metros de Nueva York recuerden un rostro. Aquel día particular se dirigió a Brooklyn.

La parte más peligrosa del viaje era siempre el momento en que preparaba la bomba. Generalmente lo hacía en el coche antes de bajar al metro. En una ocasión, el año anterior, un agente de la policía había mirado dentro del coche en el momento preciso en que iba a sacar la bomba del calcetín de lana. Dejó caer la bomba al suelo, entre los pies.

—Buenos días, agente —saludó tratando de parecer tranquilo.

El policía había mirado dentro del coche unos momentos. Mr. Think tenía la mano en la rodilla, cerca del encendido, dispuesto a poner el coche en marcha y salir disparado como una liebre. ¿Correría lo suficiente antes de que el policía pudiera leer la matrícula?

Después, el policía había dicho:

—¿Ya sabe que está aparcado en una zona prohibida?

Mr. Thing trató de ocultar su alivio.

—¡Ah, sí ya lo sé! Solo me he detenido un momento para consultar el mapa.

El policía saludó amablemente y se marchó.

Esta vez, Mr. Think estaba parado en una calle residencial donde no había restricciones para aparcar. Miró la calle de arriba abajo, luego sacó un par de guantes de lana marrón y cogió la bomba de la bolsa de papel. Destornilló el obturador de un extremo, dio cuerda a la espoleta y durante unos segundos escuchó atentamente el tic-tac del reloj. Quería asegurarse de que funcionaba con regularidad, pues el episodio del «Radio City» en 1954 le había asustado. Según su teoría, el reloj de pacotilla de aquella bomba había soltado el escape y la manecilla de las horas había corrido en un minuto el espacio que debía recorrer en sesenta minutos. Cuando se aseguró de que el reloj funcionaba desde el punto de contacto puso con la manecilla a las once. Era una colocación provisional, maquinada para darle el máximo de tiempo y seguridad. Antes de dejar la bomba la montaría de nuevo.

El último paso para montar la bomba era unir dos alambres. Esto completaba todo el circuito eléctrico, excepto la única interrupción representada por la distancia entre la manecilla de las horas y el punto de contacto. Atornilló el obturador del extremo y la bomba quedó lista. Llevando la bolsa de papel, Mr. Think bajó al metro y se dirigió a Manhattan.

A última hora de la tarde se fue a la tienda de las rebajas. No estaba tan llena como esperaba ni era tarea fácil dejar la bomba sin que le vieran. Además, el ambiente de la tienda no parecía propicio. Había hombres que se paseaban por ella sin efectuar ninguna compra. Tal vez detectives. Mr. Think salió de la tienda con la bolsa de papel.

Entró en un bar para tomar una taza de café y colocó cuidadosamente la bolsa en el estante, debajo del mostrador. Este estante servía especialmente para que los clientes dejaran los paquetes de las compras y otras pertenencias, y se le ocurrió que mucha gente, en el transcurso de la semana, saldría del local olvidándose los paquetes. ¿Dejaría allí la bomba?

Estaba casi decidido a no dejarla cuando un incidente sin importancia le hizo cambiar de idea. Era la clase de incidentes que le ocurrían a menudo y le ponían fuera de sí. Tenía por costumbre, cuando se sentaba a comer en un mostrador, esperar pacientemente su turno para que le sirvieran. En todos los aspectos era un hombre muy bien educado. Cuando se hubo sentado al mostrador le estaban sirviendo a otro hombre, y Mr. Think esperó tranquilamente a que la camarera («una joven muy maquillada», como recordó más tarde) le atendiera. Cuando parecía que ya estaba a punto, se acercó al mostrador una mujer cargada de paquetes y le gritó a la camarera: «Deme una taza de café, estoy rendida».

La camarera se apresuró a servir a la señora. Esto encolerizó a Mr. Think. Era *su* turno, no el de la señora. ¿Por qué el mundo persistía en desdeñarle, tanto en las cosas importantes como en las pequeñas? ¿Por qué debía siempre quedar en un segundo plano, ignorado, atropellado?

Hacía mucho tiempo que estaba resuelto a que el mundo lo tratase como se merecía. Esta vez, decidió dar una lección a la camarera y a la señora que abarcaría a todas las camareras y a todas las señoras que le habían empujado, incluyendo, desde luego, al personal de la «Consolidated Edison» y toda su pandilla de conspiradores.

Por fin, la camarera le sirvió. Se fue al lavabo de caballeros, preparó la espoleta para media hora y regresó a tomar su taza de café, deslizando con cuidado la bolsa que contenía la bomba bajo el mostrador. Terminó el café y se dirigió a la puerta.

—¡Señor! —gritó la grosera señora de los paquetes—. ¡Eh, señor!, ¿es suyo este paquete?

Se volvió. La señora sostenía en la mano la bolsa con la bomba.

—Ah, sí, es mío —contestó con una amable sonrisa.

—Estaba a punto de olvidárselo.

—Gracias —balbuceó—. Muchas gracias.

Entró en una cabina telefónica y montó de nuevo la espoleta para las once. Dio una vuelta por las calles durante más de una hora sintiéndose frustrado. Por último, subió a un vagón del metro y regresó a Brooklyn. Se comió una hamburguesa y recorrió unas cuantas calles. Había refrescado y entró en un cine.

Se sentó en la última fila. Un impulso feroz se había apoderado de él, un impulso que le era familiar y que nunca se había preocupado de definir. Buscó en el bolsillo la afilada navaja que llevaba siempre; la abrió y en la oscuridad acuchilló y rasgó la parte inferior de la butaca de al lado.

Preparó la espoleta para dentro de una hora e introdujo la bomba en el asiento. Salió del cine, se dirigió a su coche y se marchó a su casa.

La señora DiChiara oyó el ruido metálico al abrirse la puerta del garaje y se preguntó, como tantas veces, dónde iba y lo que hacía durante el tiempo que estaba ausente.

El 2 de diciembre de 1956, a las 7.55 de la tarde, el artefacto más potente de «El Terrorista Loco» destripó los asientos del cine Paramount de Brooklyn, hiriendo a seis personas, tres de gravedad.

El comisario de policía de Nueva York, Stephen P. Kennedy, anunció que su departamento llevaría a cabo «esfuerzos inusitados» para atrapar a «El Terrorista Loco». Las bombas eran cada vez mayores; no tardaría en matar a alguien. Era una casualidad que aún no hubiera muerto nadie, aunque varias personas habían sido lesionadas, muchas con heridas cuyas cicatrices llevarían toda la vida; una, imposibilitada, y otras, constaban en la lista del hospital como heridos de pronóstico reservado. «No importa lo que cueste o lo que tengamos que hacer —dijo Kennedy—. Debemos detener a ese hombre.»

Poco después recibí la visita del inspector Finney.

Como todos los neoyorquinos había seguido por la prensa el caso de «El Terrorista Loco», como así se le denominaba. Sentía curiosidad por ese extraño hombre. Me habían sugerido varias teorías que no tomé en consideración puesto que no me habían pedido que me ocupase. No había calado en mis propios pensamientos ni había buscado los errores de mis razonamientos; en realidad, no me había interesado mucho. Mi consultorio particular y el trabajo del delegado auxiliar me tenían muy ocupado. Trataba con personas reales, no con fantasmas.

Sin embargo, «El Terrorista Loco» era también un ser real. Parecía un fantasma, pero estaría formado de carne y huesos. Había nacido, tuvo padres, dormía, comía, caminaba y hablaba. Vivía en algún lugar y muchas personas le conocerían, habrían visto su cara y oído su voz. Naturalmente que no lo identificarían con «El Terrorista Loco», pero le conocían. Tenía un nombre. Probablemente, miles de personas de Nueva York y alrededores habían tenido algún ligero contacto con él alguna que otra vez. Se sentaba junto a los demás en los metros y autobuses. Pasaba junto a ellos por las calles. Se rozaba con las gentes en las tiendas. Aunque a veces parecía hecho de materia impalpable, incorpórea, tenebrosa, evidentemente existía. Era una de las pocas cosas sobre él de la que estaba seguro. Limitaba la búsqueda a quizá diez millones de personas dentro y fuera del área metropolitana de Nueva York.

Aquella tarde de diciembre estaba sentado en mi despacho bajo la mirada escudriñadora del inspector Finney y dos detectives y contemplaba los documentos que habían dejado sobre mi mesa. Fotografías de bombas sin estallar y de asientos destrozados; fotocopias de cartas. ¿Qué podían decirme estos pedazos de papel?

Cogí la fotografía de una bomba y la miré atentamente.

—¿Qué opina de estos artilugios mecánicos? Yo no soy mecánico ni electricista. ¿Cómo los consideran los expertos en bombas? ¿Bien hechas o de manera chapucera?

—Bien hechas —contestó el inspector Finney—. Un trabajo muy ingenioso. Es evidente que el hombre sabe su oficio.

Este punto fue discutido a menudo con la policía en las sesiones sobre el caso. «El Terrorista Loco» tenía conocimientos de metalurgia, instalación de cañerías y electricidad. Seguramente, esa habilidad la debía a su trabajo o trabajos, o en sus ratos de ocio aprendió uno o más oficios. Tal vez había hecho esculturas metálicas o preparado aparatos eléctricos como una distracción. Lo más probable es que su práctica como metalúrgico se debiera a un empleo en lugar de una ocupación para distraerse. Casi todos los que viven en una casa de los suburbios saben algo de electricidad y algunos realizan trabajos de fontanero, pero no todos tienen su destreza ni poseen los avíos para modelar piezas de metal pesado. «El Terrorista Loco», sí.

¿Qué más se podía decir de ese hombre? Nadie dudaba de que fuera un hombre, principalmente porque a través de la historia los terroristas y los que arrojan bombas lo son. Yo opino que se debe únicamente a que la fabricación de explosivos y artefactos detonantes empezó y continuó durante mucho tiempo siendo un trabajo de hombres. Hubo muchas mujeres durante la revolución rusa de 1918 que ayudaron a hacer y arrojar bombas. Antes, las mujeres que querían matar habían empleado lo que era más apropiado para ellas y que sabían usar. Así, Carlota Corday usó el cuchillo; Lucrecia Borgia, los venenos. En cuanto a «El Terrorista Loco», yo me contenté con seguir la opinión general del momento: sexo masculino. Más tarde se me ocurrieron otras ideas que confirmaban esta opinión.

Pensé algo más acerca de ese hombre. Él creía que la «Con Ed» le había infligido una grave injusticia, algo que, según sus cartas, le produjo una enfermedad crónica. Esta idea fija y única dominaba todos sus pensamientos; en realidad los había dominado por lo menos durante dieciséis años. También parecía creer que otros individuos u organismos actuaban o habían actuado contra él en unión de «Con Ed». En algunas de sus cartas mencionaba «la «Con Edison» y los otros», o usaba frases como «todos los embusteros e impostores». Había dirigido las bombas no solo contra la compañía de electricidad sino contra la gente, al azar, particularmente en los últimos años: en cines, la Biblioteca, la Estación Central de Ferrocarriles. Parecía sentir cada vez con más fuerza que el mundo en general le había ultrajado.

¿Qué tipo de hombre podía albergar tal creencia? Llegué a una conclusión: «El Terrorista Loco» padecía paranoia.

La paranoia, según la definen los libros de texto, es una perturbación mental crónica que se desarrolla de una forma insidiosa caracterizada por delirios persistentes, inalterables, sistematizados y básicamente lógicos. Por lo que sabía de él, la definición se ajustaba perfectamente a «El Terrorista Loco».

Desarrollo insidioso.— La perturbación aumenta lenta pero firmemente. Nadie sabía cuándo le habían infligido a «El Terrorista Loco» la supuesta injusticia. Quizás años atrás, antes de colocar la primera bomba en 1940, tal vez retrocedía a 1930. La primera bomba la había dirigido directa y explícitamente a «Con Edison». Diez años después, sus delirios habían aumentado, aunque sin cambios fundamentales, para incluir, por lo visto, a toda la población de Nueva Ycrk.

Crónica. — La perturbación dura mucho tiempo, a menudo toda la vida. La de «El Terrorista Loco» había durado por lo menos dieciséis años, probablemente más.

Suposiciones persistentes.— El paranoico experimenta un rencor permanente. A veces, ante ciertas personas u organismos nos sentimos furiosos, pero la ira desaparece con el tiempo. La del paranoico, no. Una vez se imagina que alguien se ha portado mal con él o va a causarle algún daño, esa idea permanece firme en su mente. Esto era evidente en «El Terrorista Loco». Mantuvo su odio toda la década de los años cuarenta, cuando aún no fabricaba bombas. Había estado latente en su interior desde 1941 a 1950, y cuando empezó a colocar otra vez las bombas en 1951 se hizo aún más intenso.

Suposiciones inalterables, sistematizadas y básicamente lógicas.— Nada de lo que uno diga conseguirá que el paranoico cambie de idea. No tenía pruebas de que nadie hubiera intentado hacer cambiar de idea a «El Terrorista Loco», pero era evidente que no lo hubiera conseguido. El paranoico defiende sus suposiciones con argumentos poderosos. Si escuchas su idea central, que él supone cierta («La gente conspira contra mí»), todo lo que dice es de una lógica perfecta, y en realidad razona de una manera aplastante. A menudo posee una inteligencia superior a la normal y una aguda percepción. Es capaz de reunir toda clase de evidencias para mantener su idea central. Su suposición está arraigada de tal modo que impide todo esfuerzo para dispersarla. Si va por una calle con alguien y dice:, «Mire, ya le *dije* que siempre me seguía... ¿No lo ve? Detrás de nosotros hay un hombre *que me sigue.*» Y uno se vuelve y, efectivamente, hay un hombre detrás. No puede decir que el hombre no está. Está allí, real. La diferencia estriba en la interpretación de la realidad. Usted supone que el hombre pasa por allí porque ese es su camino. El paranoico está convencido de que el hombre tiene algún propósito siniestro.

El paranoico está concentrado en sí mismo —en psiquiatría lo llamamos «narcisismo»—. Su delirio es esencialmente una defensa del objeto amado: él mismo. Es la piedra angular de su ser; sin ella, se vendría abajo. La creencia de que lucha contra fuerzas que le son hostiles explica su propio fracaso de acuerdo con sus esperanzas y sueños. En lugar de reconocer sus fallos o debilidades atribuye todos sus problemas a las maquinaciones de algún factor poderoso que intenta destruirle. Con esta fuerza hostil que siempre le acecha en un segundo plano para hacerle la vida más difícil, sigue creyendo que es tan fuerte y capaz como cualquiera; en realidad, más aún.

El paranoico no siempre se ve envuelto en problemas. Su manía persecutoria y sus pesquisas para desquitarse suelen expresarse de un modo socialmente admisible. Por ejemplo: puede llegar a un litigio, recurriendo a los tribunales en una investigación interminable, para obtener una satisfacción legal. Puede unirse a grupos políticos. Lejos de infringir la ley es probable que observe una conducta meticulosa: se cree intachable y retrocede antes de hacer algo que pueda considerarse impropio o digno de crítica. Contrariamente a la opinión general, el paranoico típico no tiene inclinaciones criminales. Solo como último recurso, cuando cualquier otro intento de conseguir «justicia» fracasa, entonces el paranoico puede llegar a ser un delincuente peligroso.

Puesto que es tan raro que los paranoicos hagan algo ilegal no aparecen en los archivos de la policía. Igualmente es raro verlos en las clínicas psiquiátricas, instituciones mentales o consultorios particulares; pues un paranoico no se cree un perturbado mental. *Sabe* que su intelecto es superior.

Así es el paranoico, a diferencia del paranoide. Este último hasta se le podría hallar en el reino de la normalidad, aunque con algunas características del paranoico. Y, estaba seguro, era el caso de «El Terrorista Loco».

—Paranoia —le dije al inspector Finney.

Asintió con la cabeza. Evidentemente había pensado lo mismo.

Reflexioné unos segundos, reuniendo el valor para articular la próxima deducción. Se basaba en los trabajos del famoso y ya fallecido psiquiatra alemán Ernst Kretschmer. Demostraba que la estructura física de una persona se asocia a menudo con cierto tipo de personalidad, y en el caso de enfermedades psiquiátricas, con una perturbación particular. Añadí:

—Su constitución es normal. Perpendicular y periféricamente bien proporcionado. Ni grueso ni flaco.

Finney frunció el ceño. Los dos detectives me miraron francamente incrédulos.

—¿Cómo ha llegado a esta conclusión? —preguntó el inspector.

Le di un breve resumen de los trabajos de Ernst Kretschmer. Al estudiar a unos diez mil pacientes en los hospitales mentales, Kretschmer descubrió que aproximadamente el 85 por ciento de paranoicos pertenecen al tipo que él llama «atlético». El 15 por ciento restante tiene otra estructura. Pero yo me atenía a la ley de probabilidad: según el promedio de Kretschmer, de 17 casos entre 20. «El Terrorista Loco» era un tipo de constitución normal.

Luego arriesgué una deducción sobre la edad del terrorista:

—Es de mediana edad.

Los detectives volvieron a mirarme inseguros y el inspector preguntó:

—¿Cómo lo calcula?

—La paranoia se desarrolla poco a poco. Generalmente no aparece con toda su intensidad antes de los treinta y cinco años, y ese hombre ha estado fabricando y colocando sus artefactos desde hace dieciséis años.

Se han presentado casos de paranoia en personas de menos de treinta y cinco años, pero no es frecuente. Mis suposiciones sobre la edad del terrorista podían estar equivocadas, pero pensé que los cálculos de probabilidades estaban a mi favor.

—Parece lógico —dijo el inspector después de un rato—. De acuerdo, es un hombre de mediana edad, y para ser más categóricos diremos que no tiene menos de cuarenta ni más de...

—Espere un momento. Tengo que pensarlo.

Durante un largo rato, mientras los tres policías estaban sentados aguardando en silencio, examiné las cartas de «El Terrorista Loco». Perdí el sentido del tiempo. Trataba de introducirme en la mente del hombre. Las cartas estaban escritas a mano con letras mayúsculas. No se veía en ellas ni una letra mal trazada, ni señales de prisa; ni había palabras tachadas, borradas o raspadas. Parecía la obra de un hombre que todo lo traza con cautela, minucioso y ordenado: un hombre exacto, preciso, pulcro y limpio. Estas deducciones cuadraban con otros hechos y datos que ya tenía a mano. Compaginaban con el clásico cuadro del paranoico que procura evitar cualquier defecto o falta. También cuadraba con el trabajo demostrado en las bombas que no estallaron. En efecto, se trataba de un hombre muy pulcro y cuidadoso. Había sido con toda seguridad un empleado ejemplar, ya sea de la «Con Ed» o de cualquier otra compañía, presentando los trabajos perfectos. Acudía cada mañana a la hora exacta pulcramente vestido y afeitado. Nunca se había visto envuelto en riñas, borracheras o cualquier otra clase de desórdenes. Había llevado una vida ejemplar, hasta que ocurrió la pretendida injusticia, cualquiera que fuese.

Sus cartas porfiaban esa injusticia, «esos hechos cobardes», como él los llamaba. También citaba con frecuencia el hecho de que estaba enfermo e indicaba que su enfermedad era por culpa de «Con Ed» y «los otros». Esto daba la impresión de que la supuesta injusticia tenía que ver, en cierto modo, con el despido o dimisión del empleo a causa de cierto accidente o enfermedad que lo incapacitaba. La policía quiso indagar lo que hizo durante estos años, tratando de descubrirlo mediante los archivos de la «Con Ed». Pero los archivos contenían demasiados nombres de hombres que se habían ido, o los habían despedido o pensionado por motivos de enfermedad o accidente.

Mientras meditaba sobre estas cosas, garabateaba algunas notas en un bloc que tenía a mano. Me di cuenta de que la tarde tocaba a su fin. El sol se hundía en el horizonte. Los tres policías permanecían sentados observándome sin apenas moverse.

Continué estudiando las cartas. Me indicaban que el terrorista había recibido una educación esmerada, probablemente no universitaria, pero parte o todos los estudios superiores.

También me indicaban que era, o extranjero o había vivido desde los años de su formación educacional con personas de origen extranjero y se había adherido a las costumbres y lenguas nativas. Había en sus cartas cierto estilo altisonante, una falta total de *slang o* expresiones americanas. En cierto modo, las cartas parecían escritas en una lengua extranjera y después traducidas al inglés. Por ejemplo: esa frase «hechos cobardes». Es la típica frase que se recoge en las novelas de la Inglaterra victoriana, no en cartas escritas por un americano del siglo veinte. También me llamó la atención el uso frecuente de la frase «la 'Con Edison'». Durante décadas los neoyorquinos hubieran escrito simplemente «Con Ed». Sin duda, un hombre que hubiera sido empleado de la compañía usaría el apodo familiar, a menos que su oído estuviera acostumbrado a otro modo de expresarse.

Había algo más en las cartas que me llamó la atención. La caligrafía del terrorista era casi intachable, como puede esperarse de un paranoico. Casi intachable. Formaba los veinticinco signos del alfabeto con una precisión casi perfecta, pero uno de los signos aparecía de una forma extraña. La W.

El siguiente paso en mi lista de razonamientos podrá parecerles a muchos demasiado rebuscado, y otra vez estaba seguro de que así lo pensaban los detectives y hasta el mismo inspector Finney. Las exploraciones de la mente, desde Sigmund Freud, habían tropezado con este problema: los profanos han tenido dificultad en «tragarse» las ideas de la psiquiatría. Si mi razonamiento sobre la W deforme parece cogido por los pelos, solo puedo decir que la mente humana también lo es. Si funcionase bien —que una cosa tan fantásticamente compleja se pusiera a funcionar como una máquina— sería algo extraordinario que la mayoría de nosotros consigamos mantener este intrincado y tan variado mecanismo bajo una especie de control, viviendo en común en una soportable armonía.

La W deforme no me hubiera llamado la atención en la caligrafía de otras personas, pero en la de «El Terrorista Loco» resultaba demasiado. Consideren un paranoico: un hombre obsesionado por la pulcritud; un hombre que no tolera que el mundo vea en él la menor falta. Por lo mismo, si en él aparece el más ligero desaliño, la cosa más insignificante fuera de lugar, inmediatamente llama la atención del psiquiatra. En otra persona ese detalle no tendría importancia, pero en un paranoico significaba mucho. De modo que me quedó contemplando la W.

El terrorista le daba exactamente la forma de una doble U. Los lados curvos en lugar de rectos. No era la doble V que la mayoría de nosotros haría al escribir una W y era una rareza entre las otras veinticinco mayúsculas correctamente trazadas. Era como un soldado cabizbajo entre otros veinticinco que estuvieran en posición de firmes; un borracho en una reunión de abstemios. A mí me chocó muchísimo. El lenguaje es el espejo de la mente, y aquella W curva reflejaba algo de «El Terrorista Loco». Su conciencia estricta mantenía todos los demás signos de pie, rígidamente en posición de firmes, pero su interior había algo muy fuerte que se le escurría o le intimidaba la conciencia al escribir una W. Algo que debía ser muy importante. ¿Qué sería? Miré fijo la extraña W curva. Me parecieron dos pechos de mujer vistos de frente. También podía pasar por un escroto. Algo sexual parecía turbar al terrorista, pero ¿qué?

Por unos momentos me sentí tentado a hacerle esta pregunta al inspector, a fin de que me ayudara a componer aquel rompecabezas. Levanté los ojos de la mesa para hablarle, luego vi las caras de los dos detectives y volví a bajarlos. Hablar ahora de ciertas cosas antes de que mi mente se hubiera decidido solo conseguiría aumentar su incredulidad. Las ideas que estaba forjando les parecerían descabelladas. Si se las presentaba a medio cocer solo conseguiría que las encontraran más descabelladas aún. Por lo tanto, decidí esperar hasta que mis ideas fueran más claras.

—Siento mucho tardar tanto —dije.

—Tómese todo el tiempo que quiera —replicó el inspector—. No hemos venido en busca de soluciones rápidas.

De acuerdo: ¿qué significaba la W curvada? Di un capirotazo a las cartas y fotos que había en la mesa en busca de nuevas pistas y finalmente encontré una, quizá la clave de toda la personalidad de «El Terrorista Loco». La encontré en la foto de una butaca acuchillada de un cine.

Desde que leí años atrás el primer relato en los periódicos algo me había preocupado sobre el sistema del terrorista al colocar las bombas en los cines. Algo extraño que no explicaba el resto de sus actos. Nunca supuse lo que me había preocupado; sin embargo, ahora lo vi de pronto.

Todas las otras bombas colocadas por el terrorista hablaban de un hombre precavido que no quiere sufrir riesgos innecesarios. Ponía sus artefactos de tal modo que pudiera marcharse inmediatamente. Dejaba las bombas en cabinas telefónicas, en armarios públicos. No se quedaba a realizar un trabajo innecesario. No ataba las bombas a los pomos de las puertas o las sujetaba en el fondo de los asientos de las cabinas telefónicas. Simplemente, dejaba las bombas y se marchaba. ¿Por qué entonces no hacía lo mismo en los cines? ¿Por qué no las dejaba en el suelo, debajo de los asientos, aprovechando la oscuridad, y luego se levantaba y se iba? ¿Por qué se tomaba todas aquellas molestias, tiempo y riesgos innecesarios al rasgar los fondos de los asientos y luego, trabajosamente, embutir los artefactos en la tapicería?

El desgarro de los asientos, así como la W deforme, constituían hechos fuera de lugar en la existencia ordenada y precavida del terrorista. Por lo tanto, lo mismo que la W, representaba el origen y la salida de alguna fuerte emoción latente en él. Saqué la deducción de que en ambos casos se trataba del mismo sentimiento, un sentimiento relacionado de algún modo con el sexo.

Examiné la fotografía del asiento acuchillado y me pregunté: ¿por qué un hombre coge un cuchillo y rasga la *parte inferior*? ¿Acaso simboliza la región de la pelvis del cuerpo humano? Al hundir el cuchillo hacia arriba, ¿penetraba simbólicamente en una mujer? ¿O castraba a un hombre? ¿O las dos cosas?

Otra vez me di cuenta de que estas deducciones resultarían descabelladas a mis visitantes, pues al tratar de conocer los motivos que inducen a las personas a cometer actos inexplicables un psiquiatra considera ciertas posibilidades que al profano le parecen un tanto insensatas. Para mí era evidente que jamás llegaría a descubrir el misterio de «El Terrorista Loco» si solo consideraba las características superficiales del hombre o los motivos conscientes y obvios. En efecto, si solo tenía en cuenta sus motivos conscientes terminaría en una serie de imposibles paradojas. El acto de acuchillar los asientos de los cines iba en contra de su deseo consciente de permanecer oculto. Era, pues, evidente que el asiento acuchillado solo se fundaba en un motivo más hondo y oculto. Esta lógica oculta era lo que quería descubrir.

Las dos personas que más influyen en la vida de un niño son el padre y la madre. Por lo general son ellos más que nadie los que forman su carácter, como sus genes han dado forma a su aspecto físico. Entre otras cosas, su orientación sexual deriva de ellos. Algunos psiquiatras (aunque no todos) creen que hay un período en la vida del niño en que se siente atraído sexualmente por la madre, de tal modo que considera a su padre un rival. Percibe que ese sentimiento incestuoso hacia la madre y el antagonismo hacia el padre no son socialmente admisibles, de modo que los reprime sin reconocerlos conscientemente ni aún a sí mismo. Permanecen en lo más profundo de su ser. Generalmente, en la mayoría de los niños esos sentimientos dejan de ser un problema al hacerse mayores, transfiriendo ese complejo de Edipo a las jovencitas de su edad, con las que pueden expresar esos sentimientos de un modo socialmente aceptable. Finalmente se casan y el problema ya se ha resuelto.

Pero en ciertos niños el proceso se descarría. Pueden surgir dificultades cuando los jóvenes pierden un padre, sea por divorcio o por muerte, y cuando hay un desacuerdo constante entre los padres y el niño se siente cogido en medio. Muchos niños emergen de situaciones como éstas y salen adelante en la vida, pero otros surgen cargados de problemas sexuales o de otro tipo. Nadie conoce la diferencia entre los niños dichosos y los afligidos. Nadie sabe por qué un niño puede sacudirse los problemas como un pato se sacude el agua, mientras otro se ahoga en ellos. Todo lo que se sabe es que sucede.

Estaba seguro de que algún problema de este tipo aquejaba al terrorista. No había otra explicación para la W deforme o los asientos acuchillados; ningún otro camino que se acomodase a los hechos en el mosaico de mis deducciones. Resultaba obvio que el terrorista recelaba y despreciaba la autoridad masculina: la policía, sus antiguos jefes de «Con Ed». Este detalle me indicaba con fuerza que no sentía cariño por su padre; tal vez hasta lo odiaba. Para el terrorista, cualquier forma de autoridad masculina representaba su padre. El terrorista trabajaría para un jefe como la «Con Ed» y haría bien su trabajo, pero nunca sentiría afecto por la compañía.

¿Por qué sentía ese antagonismo hacia su padre? Tal vez, en cierto modo, nunca había salido de la fase del complejo de Edipo. Este es un complejo corriente en los paranoicos; lo había visto antes en el Ejército y en mi consultorio. Algo había impedido que «El Terrorista Loco» madurara sexualmente. Algo había provocado que aquel amor incestuoso por su madre se fijara en su mente como un asunto inacabado. ¿Qué podía ser ese algo? Vi dos posibilidades: o la madre del terrorista había muerto, o él y ella se habían separado cuando era todavía un niño.

Ahora, pensé, tenía una explicación plausible para el acto, por otra parte inexplicable, de acuchillar los asientos de los cines. En este acto daba rienda suelta a su deseo ahogado de penetrar en su madre o castrar a su padre, con lo cual provocaba la impotencia del padre, o las dos cosas.

¿Descabellado? Quizá. Pero no se me ocurría nada más que se adaptase tan bien a los hechos realizados. Se ajustaba a la imagen de un hombre con un odio irrazonable e irresistible hacia los hombres con autoridad; un hombre que, durante dieciséis años, se había aferrado a la creencia de que trataban de privarle de algo a lo que tenía derecho. ¿A qué? En sus cartas lo llamaba justicia, pero esto era solo un símbolo. Su subconsciente sabía lo que era en realidad: el amor de su madre.

Prosiguiendo con esta hipótesis extraje un cuadro mental de un hombre que siempre había estado solo. No quería saber nada con los hombres —y, puesto que su madre era su amor, probablemente tampoco le interesaban las demás mujeres—. No estaba casado. Posiblemente era todavía virgen. No tenía amigos, ni masculinos ni femeninos. Era un solitario y sin embargo, con el deseo del típico paranoico de ser irreprochable, se mostraba con toda seguridad, amable y cortés con todos. No era sociable ni afable. Nunca se le encontraría divirtiéndose en compañía de un grupo. No era propicio a la amistad; pero sí, educado. Sonreía y hablaba amablemente con todos los que se relacionaba: comerciantes, inspectores, compañeros de trabajo. Pero en sus relaciones con otras personas nunca se desarrollaba un sentimiento de calor humano.

Seguramente vivía solo —o tal vez con algún pariente del sexo opuesto mayor que él que le recordase a su madre. Posiblemente con alguna tía por línea materna—. La policía había sugerido anteriormente que seguramente vivía en una casa en lugar de un apartamento, pues las bombas que fabricaba demostraban que poseía un taller bien equipado, un lugar donde pudiera trabajar en secreto y en donde los ruidos de la maquinaria no molestasen a los vecinos. Puesto que no es corriente que un hombre ocupe una casa solo, me incliné a pensar que el terrorista vivía con alguna persona que le hiciera de madre.

Me llevó mucho tiempo llegar a estas conclusiones. Los tres agentes de la policía hicieron honor a las palabras del inspector Finney: no habían tratado de darme prisa. Levanté los ojos de la mesa y los vi sentados enfrente, esperando.

—Está bien —dije—. Veamos lo que hay. Dijimos que el hombre probablemente no tiene menos de cuarenta años. Creo que parte de su problema es sexual y esto me hace pensar que no tiene muchos más de cincuenta. Si hubiera llegado a los sesenta su impulso sexual se habría debilitado un poco.

—¿Complejo de Edipo? —preguntó el inspector Finney. Asentí y expliqué mis deducciones sobre la W deforme y los asientos acuchillados. El inspector reflexionó un rato. Finalmente dijo—: De acuerdo. Hasta ahora hemos calculado lo siguiente. Está entre los cuarenta y los cincuenta.

—Eso es, unos años más o menos —dije—. ¿Qué más? Diría que su madre ha muerto o está separada de él y que vive solo o con una parienta más vieja. Es un hombre solitario, sin amigos. Soltero. Apostaría a que nunca ha besado a una mujer.

—¿Un homosexual? —preguntó un detective.

—No. *No* tiene amigos. Aún más, no haría nada indecoroso si puede evitarlo. Quiere ser intachable. No se apartaría de un modo tan manifiesto de los demás. Siempre he dicho que su constitución es normal y ahora aún voy más lejos y añado que seguramente es muy limpio, pulcro y va siempre afeitado...

—¿Cómo lo sabe? —preguntó un detective.

—No lo sé. Ni sé nada de lo que les digo. Solo es una... una...

—Deducción —dijo Finney con una sonrisa.

—Exacto. Una deducción. —Proseguí explicando mis razonamientos sobre las costumbre personales del terrorista, su deseo paranoico de eludir defectos visibles—. Se esmera por parecer un hombre correcto y normal. Es posible que acuda con regularidad a la iglesia. No lleva adornos, ni joyas, ni trajes ni corbatas chillonas. Es callado, educado, metódico, puntual. Cuando estaba empleado era un buen trabajador, sin embargo, nunca se mezclaba con los otros empleados, siempre comía solo y nunca asistía a una reunión social de la compañía ni se le veía complicado en disputas, borracheras o cosas por el estilo.

Los tres agentes asintieron lentamente. Hasta el momento parecían hallarse de acuerdo conmigo. Proseguí:

—Educación: por lo menos dos años de estudios superiores. Las cartas lo demuestran. También indican que es extranjero o vive en alguna comunidad de extranjeros—. Luego, por mi cuenta y riesgo exclamé—: Es eslavo.

Los agentes se me quedaron mirando.

—¿Le importaría darnos las razones de esta deducción? —preguntó Finney.

—Como guste. Aun cuando no se puede precisar con exactitud los límites fronterizos geográficos en la elección de armas, la estrangulación es por así decirlo más corriente en los países mediterráneos que en Es- candinavia.

—De acuerdo —dijo el inspector aunque parecía perplejo.

—Bien. Históricamente, en el centro de Europa es donde se han arrojado más bombas. También usan cuchillos, aunque naturalmente se emplean en todo el mundo en casos de actos de violencia... pero si un hombre usa las dos cosas indica que puede ser eslavo.

Los detectives se miraron incrédulos.

—Es solo una sugerencia —dije— un cálculo de probabilidades. Oigan, si es eslavo lo probable es que sea católico puesto que es metódico en todos sus actos.

—Excepto en la confesión —indicó secamente un detective.

—Exacto... aunque esto llega fácilmente con el tiempo, incluso con impaciencia. Pero ya llegaremos a esto después. Mientras tanto, consideremos donde puede vivir. Generalmente sus cartas llevan el matasellos o de Nueva York City o del distrito de Westchester. En realidad, un hombre tan prudente como el nuestro no se colaría echando las cartas en ninguna oficina de correos cerca de su casa. Lo más probable es que las envíe desde algún lugar entre su casa y Nueva York. Y otra vez, según el cálculo de probabilidades sepamos donde se encuentra la mayor concentración de eslavos en esta parte del país. Una de las más importantes que conozco está en Connecticut. Bridgeport tiene una gran población eslava, y para trasladarse de Connecticut a Manhattan se tiene que atravesar Westchester.

Cuando hube terminado esta deducción se produjo un largo silencio. Por lo menos, los agentes no discutieron conmigo. Envalentonado, me apresuré a continuar:

—Ese hombre se aferra a una enfermedad crónica que según él cree, ha contraído en el trabajo o se agravó por causa del trabajo que realizaba. Por lo que él deduce, esa enfermedad se debe a su jefe.

—¿Qué enfermedad? —preguntó Finney.

Le expliqué mi teoría. Era una mala teoría pues aquí cometí un error imperdonable. Violé una de mis principales reglas cardinales, y fallé al hacer un posible diagnóstico de los hechos conocidos.

—Es un caso crónico —dijo—. Hay centenares de estados crónicos y si queremos examinar un libro de texto de medicina tropezaremos con una lista de un metro de larga. Pero sigamos con lo normal. Coloquemos nuestras apuestas en los estados crónicos que según las estadísticas son los más corrientes: enfermedades del corazón, cáncer y tuberculosis.

Miré a los policías para asegurarme de que me seguían, y entonces aposté a un caballo improbable.

—Creo que se trata de una enfermedad cardíaca —dije—. El cáncer debemos eliminarlo pues a estas horas ya estaría muerto. También debemos desechar la tuberculosis. Con estreptomicina y otras drogas modernas uno se libra de esta enfermedad.

Seguramente, *sí* veía a un doctor o visitaba regularmente una clínica y *sí* seguía los consejos del doctor y tomaba los medicamentos prescritos. De haber reflexionado más atentamente hubiera recordado que el paranoico es un caso típico que ni busca ni observa los consejos médicos. Conoce mejor su cuerpo que cualquier doctor. No necesita que nadie le aconseje en nada. Un paranoico tan adelantado como «El Terrorista Loco» se cree superior a los mortales corrientes en todos los aspectos. El terrorista era Dios que castiga un mundo injusto que le ha hecho sufrir y que no quiere reconocer su superioridad. ¿Qué puede hacer por Dios cualquier doctor?

Pero no, yo me sentía demasiado seguro de mí mismo para detenerme a pensar en esas cosas. De modo que diagnostiqué que el terrorista era un caso cardíaco.

En aquellos momentos la tarde llegaba a su fin. El sol se había hundido detrás de los rascacielos; el despacho se hallaba a oscuras. Habíamos estado allí casi cuatro horas.

—¿Eso es todo? —preguntó el inspector.

—Poco más o menos —repliqué—. No encuentro nada más—. Empecé a recoger los papeles extendidos sobre la mesa—. Dígame, ¿qué van a hacer con lo que les he comunicado?

El inspector se encogió de hombros.

—Pues... en cierto modo nos será útil. Por lo menos sabremos donde hemos de empezar a buscar.

—Quizá —repuse—. Pero si mis teorías son exactas o equivocadas no pueden detener a un hombre en cada esquina de la ciudad dentro de un radio de veinte millas para buscar un eslavo de Connecticut, pulcro, soltero y de mediana edad.

—Es cierto, pero... bueno ¿qué sugiere?

Vacilé un momento y luego dije:

—Creo que deben publicar la descripción que les he dado. En realidad deberían publicar la investigación completa del terrorista en toda la prensa, la radio y la televisión.

Finney parecía dudar.

—No creo que el comisario lo apoye. Hasta ahora nuestra estrategia ha consistido en observar el mayor silencio posible sobre el terrorista.

—Lo sé. Pero opino que es una oportunidad para que él se adelante, si la manejamos bien. Creo que él *quiere* que le encontremos ahora.

Los tres agentes parecían otra vez perplejos y expliqué mi idea. Los artefactos del terrorista se habían vuelto cada vez más eficaces en los últimos años. En algunas de sus cartas se había esforzado en indicarlo. («Saben que las bombas cada vez son mayores», escribió al *Herald Tribune*. «Hasta el momento, la mano de Dios ha evitado la muerte...») A mí me pareció que cada vez sentía mayor deseo de llamar la atención. *Sabía* que era muy peligroso, pero no estaba seguro de si lo sabían los demás. Quería hacer detonaciones cada vez más fuertes. No quería matar a nadie si podía evitarlo (incluso las bombas mayores, hasta la fecha no habían sido lo suficiente fuertes para llamarlas de un modo categórico letales. Solo matarían por azar, penetrando en un ojo o en cualquier parte vital del cuerpo), pero deseaba que la gente tuviera de él mayor evidencia y mayor respeto. Lo necesitaba para mantener su fe en su superioridad.

Un hombre así, hambriento de atención y respeto, razoné, podría llegar a sentirse completamente defraudado por aquel anonimato tan cuidadosamente mantenido. La gente que trataba durante el día, los parientes, comerciantes y otros que se movían en su círculo solo lo conocían como a «Juan Nadie», no como a «El Terrorista Loco». Aun cuando el terrorista se riera en secreto de su ignorancia necesitaba que supieran qué gran hombre era aquel pobre diablo. Lo conocían como un hombre pacífico, educado, sin realce. No le demostraban un respeto desusado. En realidad, muchos de ellos lo trataban como un quídam cualquiera, lo desdeñaban, no le hacían caso. Cuando entraba en una tienda debía esperar un rato antes de que le atendieran. La gente le empujaba para ponerse delante de él. El carnicero le daba el peor trozo de carne. Todo esto debía defraudarle amargamente. *Él* sabía que era «El Terrorista», pero esto no le ayudaba en su vida cotidiana. El tamaño cada vez mayor de las bombas era prueba de que su fantasía también iba en aumento. Me pareció que el hombre deseaba comunicar a alguien quién era él. Consideré lo más probable que si le dábamos una oportunidad, su frustración llegaría a vencer su deseo opuesto de permanecer oculto.

¿Cómo conseguir que esa frustración llegara a desbordarse? Quizás arrojando un reto a su endiosada superioridad —demostrándole que creíamos ser más listos que él—. ¿Resistiría tal reto? ¿No le obligaría a descubrirse?

—Al publicar mis teorías en los periódicos —alegué— incitarían al terrorista a que saliera de su escondite. Leería lo que hemos dicho de él. Tal vez muchas de mis teorías serían falsas, tal vez todas, pero constituían un reto para él. Se diría: «He aquí un psiquiatra que se cree listo, piensa que puede cazarme, ¡a mí, «El Terrorista»! Pues bien, no vale nada y se lo voy a demostrar.» Y entonces, tal vez escribiría a algún periódico para decir lo equivocado que estaba yo. Les daría la edad exacta y otras pistas. ¿Quién sabe? Es solo cuestión de suerte, pero creo que vale la pena probarlo. Y si mis teorías tienen un indicio de verosimilitud hay la oportunidad de que alguien pueda reconocerle, un cartero, un comerciante, un empleado...

—Un millón de chiflados —exclamó uno de los detectives.

—Nos volverán locos —dijo el inspector—. Pero creo que debe hacerse. Estoy de acuerdo con usted, doctor. Debe publicarse en los periódicos y veré si consigo que el comisario lo apruebe.

Se levantó.

—Gracias por su ayuda, doctor —nos estrechamos la mano y los tres hombres se dirigieron a la puerta.

Cuando el inspector Finney daba la vuelta al poco decidí que no valía la pena hacer las cosas a medias. Si iba a equivocarme, tendría que ser también como diría «El Terrorista», un cien por cien equivocado.

—Inspector. —Los tres hombres de volvieron.

—¿Qué desea, doctor?

—Se me ocurre algo más. —Cerré los ojos porque no quería ver su reacción. Vi a «El Terrorista»: impecablemente limpio, absolutamente correcto. Un hombre que evitaba los trajes modernos hasta que la costumbre los hacía moderados. Lo vi claramente, con mucha más claridad que los hechos garantizados. Sabía que la imaginación me vencía, pero no pude remediarlo.

—Se me ocurre algo más —dije manteniendo los ojos cerrados con fuerza—. Cuando lo prendan, y no dudo que lo harán, llevará una chaqueta cruzada.

—¡Jesús! —exclamó uno de los detectives.

—Y estará abotonada —finalicé. Abrí los ojos. Finney y sus hombres se miraron.

—Un traje con chaqueta cruzada —dijo el inspector.

—Sí.

—Abotonada.

—Sí.

Asintió con la cabeza y sin más palabras, salieron.

El comisario de policía Kennedy tuvo razón al hablar de «esfuerzos inusitados». Como había supuesto, dejó que la prensa y las cámaras de televisión pusieran de manifiesto casi toda historia de «El Terrorista Loco». Solo de vez en cuando y sin dar detalles se dijo que la «Con Ed» estaba complicada y no se mostraron fotos de los artefactos sin estallar; pero el resto de la aventura que duraba dieciséis años apareció en las primeras páginas en toda su desgraciada solemnidad.

Todos los periódicos de Nueva York publicaron noticias sobre mis teorías tal como se las describí al inspector Finney. La más concisa apareció el día de Navidad en *The New York Times.* Citaba los motivos por los que el Departamento de Policía me había alistado y luego daba la imagen que había sugerido de «El Terrorista»:

> Soltero, entre 40 y 50 años. Introvertido. Insociable pero no antisocial. Hábil mecánico. Diestro. Pulcro con las herramientas. Orgulloso de su habilidad en mecánica. Desdeñoso con las personas. Resentido por las críticas de su trabajo pero probablemente esconde su resentimiento. Moral. Honrado. No le interesan las mujeres. Graduado en estudios superiores. Experto en artillería militar y civil. Religioso. Si se le critica podría encolerizarse violentamente en el trabajo. Posibles motivos: despido o reprimenda. Se siente superior a las críticas. Su resentimiento va en aumento. Empleado actual o antiguo de la Consolidated Edison. Probable caso de paranoia progresiva.

Esta nota no contenía todas mis predicciones pero cristalizaba las principales. Decía lo suficiente para ponerme en un grave apuro si resultaba muy equivocada.

La publicidad de los periódicos y de la televisión consiguió el efecto inmediato de sobrecargar la centralita de la policía con llamadas telefónicas, exactamente como el inspector Finney y sus hombres habían predicho. Aquella investigación que antes había sido silenciosa se convertía en atronadora. La ciudad pareció perder de pronto el sentido común. En seguida, los bromistas colocaron bombas falsas en lugares públicos y las enviaban por correo a personajes populares o las arrojaban a los peatones en las aceras gritando: «¡'El Terrorista Loco' atiza de nuevo!» Los niños consiguieron que se cerraran las escuelas al enviar por correo y teléfono amenazas de bombas a sus profesores. Ancianas asustadas telefoneaban a la policía hablándoles de algún vecino siniestro que se parecía o actuaba como el terrorista. Toda clase de objetos extraños y de un aspecto peligroso fueron colocados en parques o calles o en las esquinas de las casas de apartamentos y la policía cumpliendo con su deber investigaba hallando objetos que eran piezas de radios desmanteladas o accesorios de automóviles o tubos fluorescentes fundidos. Desde finales de diciembre y todo enero los informes sobre bombas excedían los 50 diarios y a menudo pasaban de un centenar al día.

Un cuerpo especial de investigadores de artefactos fue colocado al mando del inspector jefe Edward Byrnes, agente veterano de la policía conocido por su habilidad en mantener la calma y la eficacia en medio del pánico. Byrnes y sus hombres verificaban cada informe, cada persona sospechosa, cada pista que evidentemente no procediera de un chiflado.

No se limitaban a esperar las confidencias; salían y buscaban activamente las pistas. Uno de sus principales proyectos fue una revisión concienzuda y abrumadora de los informes del personal de «Con Ed» y otros archivos. El propio personal de los archivos les ayudó pero el trabajo era desalentador. Los informes antiguos de la compañía se hallaban amontonados en un almacén de Hester Street en la parte baja del este de Nueva York, pero otros, aglomeraciones más pequeñas de archivos, se hallaban desparramados por toda la ciudad. Lo que más dificultaba esa investigación era que la Consolidated Edison, solo se había formado como tal a mediados de 1930. Desde entonces, la compañía había guardado unos registros razonablemente continuos, pero los que precedían a aquel año estaban totalmente desorganizados. Un par de docenas de compañías más pequeñas habían sido absorbidas en la compleja serie de fusiones que eventualmente formó «Con Ed» y cada una de esas compañías habían tenido su propio sistema de archivar los informes.

Dado que «El Terrorista Loco» había fabricado en 1940 su primer artefacto y puesto que yo había manifestado a la policía que la paranoia puede emplear largo tiempo en manifestarse, los inspectores Finney y Byrnes consideraron posible que aquel rencor podía retroceder a 1935. Eso significaba que el hombre podía originalmente haber complicado una de las compañías pequeñas. Si había una carpeta archivada en cualquier lugar que arrojara alguna luz sobre este rencor, ni que decir tiene que era imposible saber dónde podría hallarse.

Mientras algunos de los hombres de Byrnes buscaban entre las carpetas de los archivos, otros salían a perseguirle entre las personas de toda la ciudad. De esta persecución llegaron algunas de las más prometedoras pistas.

Un anciano que vivía en el apartamento de un hotel de la calle Ochenta y Cinco del oeste, telefoneó un día a la policía y le contó una intrigante historia. Dijo que se estaba recuperando de un ataque cardíaco y que se veía forzado a pasar la mayor parte del día descansando en su apartamento. En el apartamento vecino vivía un hombre de edad mediana con una tía de ochenta años. Este vecino llevaba un nombre polaco —lo llamaremos Pulaski— y que por lo visto, también le guardaba rencor a la «Con Ed» desde hacía tiempo. Según el anciano delator, Pulaski había recibido en una ocasión una descarga eléctrica que según él, procedía de un descuido por parte de «Con Ed» y le echaba la culpa de su falta de salud. Padecía una larga serie de dolencias, desde rigidez en la espalda hasta una incontrolable contracción nerviosa en las cejas.

Cada día, a eso de las nueve de la mañana y a las cuatro de la tarde, durante dos horas cada vez, la tía de Pulaski iba a sentarse con unos amigos a una cafetería de la Riverside Drive. Unos minutos después de haberse marchado la anciana, el informador oía a Pulaski que buscaba algo en un armario que se hallaba contra la pared que separaba ambos apartamentos. Entonces empezaban unos «ruidos curiosos»: golpes y chirridos metálicos; a veces como si una lima rascara un metal. Esos ruidos cesaban invariablemente antes de la que la tía regresara a casa y seguía otro breve período de trastazos y restregar de pie el armario como si Pulaski guardara algún objeto grande en un lugar oculto.

Varios meses antes de aparecer la noticia de «El Terrorista» en la prensa, el delator se preguntaba de una manera vaga acerca de este misterio. Ahora estaba más interesado y hacía sus pinitos de detective aficionado. Al hablar con otras personas de la casa, especialmente con la mujer del portero, descubrió otras extrañas actividades de Pulaski. El hombre salía al atardecer, siempre cuando la tía estaba fuera, y a veces llevaba un misterioso paquete debajo del brazo. Regresaba mucho después de medianoche sin el paquete. El portero le preguntó un día acerca del paquete y contestó rápidamente: «He llevado unos zapatos a reparar». Sin embargo, nadie le había visto nunca llevar otro tipo de calzado que los zapatos de la lona con suela de goma. Al parecer no tenía empleo, aunque pagaba puntualmente el alquiler y en cierta ocasión pagó seis meses de anticipo. Era muy amable con todos y si se presentaba la ocasión conversaba con cualquiera que se le acercase, aunque hablaba poco de su vida, solo se lamentaba que la descarga eléctrica le producía una indisposición crónica.

La policía consideró que valía la pena vigilar a Pulaski. Todos los datos parecían señalar la dirección exacta incluyendo edad, su origen eslavo y el hecho de que viviera con una pariente de edad avanzada. No me sentía halagado porque la policía usara el retrato que les había sugerido de «El Terrorista Loco» como base para sus diversas investigaciones. Aquella imagen era solo uno de los varios factores a considerar. Pero cuando un hombre obra de un modo sospechoso y muestra a la vez algunos de los rasgos que había sugerido, la policía se interesaba.

Una tarde, a las tres y media, dos detectives se presentaron en la casa. Se sentaron en el apartamento del anciano delator, oyeron como la tía de Pulaski se marchaba y siguieron esperando en silencio.

—Debería empezar —susurró el delator.

En efecto, empezó a oírse un ruido en el armario. Un corto silencio y en seguida unos golpes dados sobre un metal y el chirrido de la lima.

Los detectives salieron al pasillo y llamaron a la puerta de Pulaski.

—¿Quién es? —preguntó Pulaski.

—La policía. Abra la puerta, por favor.

Durante unos segundos no se oyó ningún ruido dentro, como si Pulaski se hubiera quedado petrificado por la sorpresa y la indecisión. Luego se acercó a la puerta y la entreabrió dejando solo una rendija.

—¿Qué desean?

Uno de los detectives le mostró la placa, se presentó, así como a su compañero y le rogó amablemente que les dejara pasar. Pulaski vaciló un buen rato, pero cuando los detectives alegaron que estaban investigando unos robos que se había cometido en el edificio, se encogió de hombros y abrió la puerta de par en par.

En el suelo había una caja de cartón conteniendo limas, martillos y otras herramientas. Al lado, una mesa de juego, y encima una pequeña escultura moderna de metal hecha de alambres para colgar la ropa, vendas, fragmentos de planchas de aluminio y pequeños tubos de cañerías.

—Mi familia siempre se ríe de mí porque hago estas cosas —explicó después—. Me molesta tanto que trabajo en secreto. Luego los vendo en Greenwich Village.

Sonrió con tristeza.

—Mi ilusión era llamar la atención de algún opulento *connoiseur* o museo de arte, hacerme rico de la noche a la mañana y demostrar a mi familia que con estas esculturas no pierdo el tiempo. Pero aún no se me ha presentado esta oportunidad. Mientras tanto, no puedo soportar que mi tía y todo el mundo se rían de mí. No lo resisto.

Mientras hablaba había guardado cuidadosamente la escultura y herramientas en la caja y la escondió en el estante superior de su armario. Apenas hubo terminado regresó la tía,

Los detectives se presentaron.

—¿Qué sucede? —preguntó evidentemente preocupada.

Uno de los detectives carraspeó nervioso.

— Bueno, señora, estamos investigando algunos robos que se han producido en esta casa y desearíamos saber si usted o el señor Pulaski han visto recientemente algunas personas extrañas por el corredor.

Pulaski estrechó amablemente las manos de los detectives cuando éstos se despidieron.

Otra pista prometedora nos llegó de un hombre que dijo se hallaba preocupado por su antiguo compañero de armas.

—Era un hombre sensato, como usted y yo, pero ahora se está volviendo loco —relató el delator—. Tiene una tienda de reparación de calzado en la ciudad pero la mayor parte del tiempo lo pasa en la trastienda como haciendo algo que no quiere que nadie lo vea. Se levanta al amanecer para dar de comer a los gatos extraviados.

Otros factores que interesaron a la policía fueron que «El Hombre Gato», como lo llamaban los vecinos, había sido en el ejército un experto en derribos y había trabajado con la «Con Ed». Los detectives lo espiaron. Todo lo que descubrieron fue un montón de gatos que merodeaban al amanecer por las calles de Manhattan. «El Hombre Gato» era inocente de todo crimen. Como dijo: «Algunas personas dan de comer a los gatos, otras coleccionan sellos. Todos tenemos nuestras peculiaridades. ¡Por amor de Dios, una vez conocí a un tipo que le gustaba el ruibarbo!»

Mientras algunos detectives seguían la pista a la gente que presentaba algunas particularidades equívocas, otros encontraban artefactos. Muchos eran o bulos o bien objetos inocentes que por error habían sido identificados como bombas. Una señora telefoneó a la policía para informarle de una manera histérica que había recibido por correo un siniestro paquete cuadrado sin remitente y dentro había algo que sonaba como un reloj. Los hombres de la Maestranza de Artillería, vestidos cuidadosamente con trajes protectores, abrieron el paquete que contenía un despertador normal. La mujer recordó entonces, con cierto embarazo, que hacía un mes lo envió al fabricante para repararlo. Era tan intensa su preocupación por «El Terrorista Loco» que se había olvidado de su reloj. En aquellas semanas de tensión era un caso típico del estado de ánimo en que se hallaban los habitantes de Nueva York.

La policía había tenido cuidado en no mostrar fotografías ni dar detalles concretos de los verdaderos artefactos de «El Terrorista Loco» y en realidad, pocos podían competir con su magnífico trabajo.

Algunos detectives pensaron que «El Terrorista Loco» se ocultaría al estallar la publicidad —que al ver la alarma que había despertado le asustaría dar un nuevo paso—. Mi teoría había sido exactamente lo contrario. No creía que el hombre se doblegara ante cualquier reto hecho a su vanidad. Como lo había imaginado se sintió impulsado a poner de manifiesto su astucia mofándose de la prudente y escarmentada ciudad.

En un rápido intervalo lanzó dos bombas. La víspera de Navidad, a la 1'30 de la tarde, se encontró una bomba sin estallar en una cabina telefónica del gran edificio de la Biblioteca Pública, entre la Quinta Avenida y la Calle Cuarenta y Dos. Cuatro días después, a las 2'35 de la madrugada, se encontró otra, que tampoco estalló, en una butaca del cine Paramount, en Times Square. Ésta también había sido fabricada evidentemente por las hábiles manos de «El Terrorista».

Otro reto me llegó directamente por teléfono. El teléfono de mi casa no se hallaba en la guía telefónica, pero cualquiera que desee encontrarme después de las horas de consulta puede llamarme al «Creedmoor State Hospital», en Queen Village, Long Island. El cuadro de distribución del «Creedmoor» podía canalizar cualquier llamada a una prolongación telefónica próxima a mi casa. Me había puesto de acuerdo con la policía del distrito para que escuchara las llamadas sospechosas que me llegaban por aquel sistema. La telefonista del «Creedmoor» retendría al que llamaba mientras avisaba a la policía, y entonces, cuando estuviera en la línea, me pondría la conexión a mí.

Llegó a la una de la madrugada. El teléfono sonaba cuando regresaba a casa de la ciudad.

—¿Diga?

—¿Es usted el doctor Brussel, el psiquiatra? —la voz sonaba tranquila, segura, controlada.

—Sí, soy el doctor Brussel.

—Soy F. P. Apártese de esto o lo sentirá.

Empecé a hablar con la idea de que la policía y la compañía de teléfonos pudiera localizar la llamada, pero «F. P.» era demasiado astuto para caer en esta trampa. Sin esperar siquiera oír mi reacción ante su amenaza, colgó.

Mr. Think se hallaba de un humor excelente. Todos los vecinos lo advirtieron. Antes, si alguien le saludaba mientras daba uno de sus contemplativos paseos de la tarde, devolvía el saludo cortésmente, pero sin intención de extenderse en una conversación. Ahora, por el contrario, se había vuelto rotundamente locuaz. Una tarde pasó ante un vecino que se encontraba a la entrada de su casa echando anticongelante al sistema refrigerador de su coche.

—Buenas tardes —dijo Mr. Think al pasar por la acera de escoria.

—Tardes —contestó sorprendido el vecino. Míster Think no solía saludar a menos que el otro lo hiciera primero.

—Veo que se está preparando para el invierno —añadió Mr. Think.

El vecino se sonrió.

—Debía haberlo hecho hace un mes. Tuve suerte que ayer noche no se helara.

—Sí, hizo una noche muy fría. Muy fría —y míster Think sonrió con facilidad y continuó su paseo. Antes, según recordaban los vecinos, jamás había dicho tantas palabras seguidas.

En otra ocasión, poco después de Navidad, unos niños jugaban en la calle cerca de la oscura, lúgubre y vieja casa de Mr. Think. Hacía poco que una nueva familia se había trasladado a aquel barrio y uno de los niños jugaba con un aeroplano de diez centavos. Era un planeador de los que se lanzan con una honda. Volaba errátil y en uno de los vuelos cruzó la valla gris de la casa de Mr. Think y entró en el patio.

El nuevo niño no sabía nada de la «Casa Loca». Mientras los otros niños lo observaban con un placer lleno de terror, entró tranquilamente en el patio de Mr. Think para recoger su planeador. En aquel momento Mr. Think estaba fuera arreglando una ventana.

El pequeño corro de niños que había en la calle se agrupó esperando que sucediera algo desagradable. Vieron que Mr. Think se acercaba al niño y le decía algo. El niño le entregó el planeador. Mr. Think lo observó, le hizo algo en la cola y lo lanzó con suavidad a la calle. El juguete voló perfectamente.

—¿Qué dijo? —le preguntaron los otros niños después.

—Arregló el aeroplano —contestó el niño—. Es un buen hombre.

Los inquilinos, de los pisos superiores de la gran casa también notaron el cambio. Durante años, míster Think había estudiado el piano por correspondencia. Lo tocaba mal, pero lo que irritaba aún más a los inquilinos era que siempre escogía una música lenta y fúnebre. A veces interpretaba la misma lúgubre melodía durante horas. Ahora, de repente, se había puesto a tocar piezas más movidas y alegres.

La metamorfosis era asombrosa. Después de la misa en St. Patrick, adonde acudía fielmente todos los domingos, se detenía unos minutos para cruzar algunas palabras sobre el tiempo con los otros feligreses. En los viejos tiempos solía marcharse directamente a su casa, limitándose a hacer una cortés inclinación de cabeza o musitar un breve «buenos días» si alguien lo saludaba.

Dios estaba en el cielo y en la tierra todo marchaba bien.

John Andrews (no es su verdadero nombre), de profesión contable, que vivía en Darien, Connecticut, se trasladaba diariamente en tren a la ciudad y un día, poco después del Año Nuevo de 1957, se presentó en la comisaría de policía con una interesante noticia.

Andrews era vecino de un hombre que llevaba nombre alemán, lo llamaremos Dorf. La dirección de Dorf en Connecticut interesó a la policía, pues se daba el caso de que tenía una edad mediana, había sido empleado de la «Con Ed» (mecánico electricista); había pasado mucho tiempo en un hospital psiquiátrico (diagnóstico: reacción a la paranoide) y llevaba generalmente chaquetas cruzadas. El hecho de que estuviera casado no se adaptaba a la imagen que me había forjado de él; pero puesto que su esposa le llevaba unos diez años, era probable que se hubiera casado con ella con el fin de encontrar una madre (y en esto se ajustaba a la imagen). La madre de su esposa también vivía en la misma casa. Poseía una gran habilidad manual —no solo en los trabajos de electricidad sino también en fontanería—. Había construido en su casa un cuarto de baño extra y toda la instalación de cañería la había hecho él.

Dorf no era muy sociable pero sí muy educado —otro factor que se ajustaba a la imagen. Él y Andrews se llevaban bien como vecinos y de vez en cuando se prestaban herramientas y avíos de jardinería, como suelen hacer los vecinos de los suburbios, aunque no frecuentaban el mismo círculo social. Andrews conocía poco de la vida de Dorf pero a medida que pasaban los años Andrews sentía mayor curiosidad por Dorf —y especialmente por una maletita azul de lona que Dorf llevaba consigo cuando iba a Manhattan.

Hacía tres años que Andrews empezó a fijarse por primera vez en aquella maleta. Todo empezó un domingo por la tarde. Andrews descansaba en una tumbona y para estar a la sombra se había colocado junto a un seto de tal modo que no podían verle desde la casa de Dorf; pero un pequeño boquete en el seto le permitía atisbar el patio de la casa vecina. No tenía intención de espiar, pero ciertos hechos despertaron su curiosidad.

Lo primero que observó sin concederle mayor importancia fue que la mujer y la suegra de Dorf habían salido en el sedán de la familia. Poco después, Dorf salió de la casa y se paró un rato junto al coche negro que conducía diariamente a la estación. Andrews tenía la clara impresión de que Dorf vigilaba al vecindario como si quisiera asegurarse de que nadie lo miraba. Luego, sacó las llaves del bolsillo, abrió el portaequipaje y sacó una maletita azul que se llevó consigo a la casa. Media hora después volvió a sacarla, se detuvo junto a la puerta trasera para mirar otra vez el vecindario, se dirigió al coche y volvió a colocar la maleta en el portaequipajes.

Andrews olvidó el incidente. Un mes después se encontró por casualidad con Dorf y su esposa en un «garaje de ventas» del lugar. Una familia se mudaba a Darien y vendía todas las pertenencias que no necesitaba y que habían tenido guardadas en el ático y el sótano. Los artículos que se vendían estaban expuestos en el garaje. Dorf y su mujer se habían dirigido a la venta en el pequeño coche porque el sedán se hallaba en reparación. Habían adquirido una multitud de artículos y calculaban cómo podrían meterlos en el pequeño coche.

—¿Por qué no mete algunos en el portaequipajes? —preguntó Andrews.

Dorf negó con la cabeza:

—No, hace años que perdí la llave del portaequipajes.

Ahora Andrews ardía de curiosidad. ¿Por qué no quería Dorf que su mujer viera lo que había dentro del portaequipajes? ¿Tenía algo que ver con la maleta azul?

Durante unos cuantos años Andrews veía a menudo a Dorf en el tren o en el andén de la estación llevando la misteriosa maleta. La curiosidad de Andrews aumentó aún más una noche en que tuvo que quedarse en la ciudad hasta muy tarde para terminar un trabajo sobre la contabilidad de los impuestos. Tomó el tren muy tarde y llegó a Darien a las primeras horas de la mañana. Dorf iba en el mismo tren con la maleta azul junto con una cartera. En el aparcamiento cerca de la estación de Darien Andrews vio cómo Dorf abría el portaequipajes de su cochecito negro y ponía dentro la maleta y se llevó con él la cartera al asiento delantero.

Andrews pensó que había algo decididamente extraño en aquella maleta. Su curiosidad llegó a ser obsesiva. Nunca dijo nada a nadie, ni siquiera a su esposa, pero siguió vigilando a Dorf. Observó que cada vez que Dorf se llevaba con él la maleta a Manhattan, invariablemente volvía a su casa muy tarde. En varias ocasiones, cuando los dos hombres se encontraban en el estacionamiento a la misma hora de la mañana (a veces tomaban el mismo tren) Andrews observaba que Dorf parecía ansioso por desembarazarse de él. «Adelántese», le decía Dorf en lugar de dirigirse al andén con su vecino. «Tengo que ordenar aún algunas cosas.» Y sentado en el coche pretendía (por lo menos así lo creía Andrews) organizar los papeles de la cartera. Andrews se dirigía a la estación, luego echaba una mirada atrás y veía que Dorf abría su portaequipajes.

Andrews no podía formarse una idea plausible sobre el contenido de la maleta de Dorf hasta que en el mes de diciembre la publicidad sobre «El Terrorista Loco» apareció en toda la prensa. Una mañana, al leer el periódico en el tren, Andrews recordó de pronto una fecha que le resultó familiar: el 2 de diciembre. En aquella fecha, decía el periódico, la mayor explosión de un artefacto de «El Terrorista» había destrozado algunos asientos e hirió a seis personas en el cine Paramount de Brooklyn.

Andrews dejó caer el periódico sobre el regazo y se quedó mirando por la ventanilla del tren. 2 de diciembre. Aquella noche, recordó, había ido a casa de su vecino para recoger la nueva bicicleta que iba a regalar a su hijita con motivo de su cumpleaños y que su vecino guardaba. Al volver a su casa con la bicicleta había observado que el coche de Dorf no estaba en el lugar de costumbre. Dorf se había quedado en la ciudad hasta muy tarde. Andrews lo había visto aquella mañana con la maleta.

¿Coincidencia? Quizá, pensó Andrews. Sin embargo, al fin encontraba una explicación plausible al misterio de la maleta de Dorf. Durante años, aquel misterio había estado royéndole. Por fin se hallaba en poder de una posible explicación y saltó sobre ella como un perro hambriento ante un suculento trozo de carne. ¡Dorf era «El Terrorista Loco»! ¡En la maleta llevaba las bombas!

Andrews tardó dos semanas en decidir lo que debía hacer. Le preocupaba extraordinariamente presentarse a la policía. Después de todo, Dorf era su vecino y un vecino perfectamente honesto y educado. Sin embargo, si fuera «El Terrorista Loco»...

Un ciudadano debe cumplir con su deber. Día tras día, Andrews pesaba en su mente estos factores opuestos. Perdió el sueño, merodeaba de noche por la casa bebiendo café descafeinado, fumando cigarrillos hasta desollarse la garganta. Su esposa observó el cambio que se había efectuado en él. Una noche se despertó a las tres, encontró la cama vacía, bajó a la cocina y vio a su marido sentado a la mesa con los ojos fijos sin ver.

—Algo te preocupa.

Él la miró un momento y luego asintió:

—Sí, en efecto.

Luego, tras una larga pausa, empezó a contarle lo de la misteriosa maleta de Dorf. Era la primera vez que se lo decía a alguien.

La señora Andrews no dudó ni un momento. Lo primero que tenía que hacer Andrews a la mañana siguiente era acudir a la policía. Añadió que el asunto podía llevarse con discreción; nadie necesitaba saberlo. Si resultaba que el misterio de la maleta de Dorf tenía una inocente explicación no necesitaba decir ni hacer nada. Desde luego, Dorf descubriría en seguida quién había levantado la liebre y el asunto le costaría a Andrews perder la amistad de su vecino. Pero, como indicaba la señora Andrews, aquella amistad era todo lo más, superficial y accidental —en realidad poco más que un conocimiento—. ¿Era tan valiosa que no podía perderse a cambio de salvar vidas humanas, las vidas de las futuras víctimas de «El Terrorista Loco»? ¿Qué sentiría Andrews, preguntaba su esposa, si uno de los artefactos de «El Terrorista Loco» mataba a alguien y luego resultaba que él hubiera podido evitar esa muerte?

Andrews se presentó a la policía de Darien y contó su extraordinario relato. A la mañana siguiente dos detectives de la policía del Estado de Connecticut esperaban que Dorf entrara en la parcela donde se hallaba el aparcamiento de la estación. Le preguntaron cortésmente si no le importaba abrir el portaequipajes para mostrarles el contenido de la maleta.

Obedeció en silencio. Dentro de la maleta había un par de zapatos de mujer de tacón alto de un modelo extravagante.

Dorf frecuentaba algunas prostitutas de Nueva York y les pedía que se pusieran esos zapatos. Todo el peligro consistía en que era un maniático de los pies.

De este modo quedó resuelto el misterio de la maleta azul. En esas semanas de locura, muchísimas personas de Manhattan y alrededores llevaban a la policía misterios parecidos. Personas que durante tiempo se habían preguntado dónde iban por la noche sus vecinos o lo que sus amigos o compañeros de habitación guardaban en algunas inasequibles maletas cerradas, o cuartos o armarios, o lo que el señor Fulano de Tal hacía los sábados cuando se encerraba furtivamente en el sótano de la tienda.

Muchas de esas pistas parecían tan auténticas y prometedoras como la de Andrews en Darien. Cualquier pista que procediera directamente de instituciones médicas o de médicos, automáticamente me incluían en la patrulla de investigación. Cuántas veces me senté en la parte posterior de un coche de la policía sin matrícula cortando el tráfico en zig zag. Cada vez que iniciábamos una nueva pista el inspector Finney y yo esperábamos que por fin daríamos caza al esquivo «Terrorista».

Un día llegó una llamada del inspector de un hospital general de Manhattan. Había un enfermo de corazón que entraba y salía de la institución periódicamente a causa de una descompensación cardíaca. Sí, era un antiguo empleado de la «Con Ed»; soltero, vivía solo, sus padres eran de Checoslovaquia, etcétera, etcétera —clavado—. El chófer del inspector Finney me llevó a la parte alta de la ciudad por la carretera de West Side. Comparecí ante el inspector. Me llevó al cuarto de los archivos para investigar la ficha del sospechoso; un asunto voluminoso a causa de sus numerosas entradas. Mientras leía, notaba cómo me latía el corazón. ¡Perfecto! Estaba a punto de salir disparado en busca de Finney cuando comparé las entradas con las fechas de las bombas.

Allí se acabó todo. En dos fechas que coincidían con las bombas el paciente había estado hospitalizado —una vez bajo una tienda de oxígeno.

Después, un colega del personal del instituto psiquiátrico de Nueva York me telefoneó para decirme que él creía que uno de sus pacientes era «El Terrorista Loco». No solo el paciente se ajustaba a la descripción —hasta vivía en el distrito de Westchester, de donde procedían las cartas de «El Terrorista»— sino que tenía la idea fija de que «Con Ed» era responsable de sus disturbios cardíacos. Los síntomas clásicos del paciente —palpitaciones, dolores de cabeza con pulsaciones, ahogo, ataques agudos de dolor en la parte izquierda del pecho— eran delirios psicosomáticos. Repetidos y atentados reconocimientos físicos, de rayos X y de análisis demostraron que estaba bien dentro de los límites normales.

—Es una cuestión de ética —dijo mi colega—. No puedo revelar el nombre de mi paciente porque violaría la relación de confianza médico-paciente y esto no solo va contra la ética sino que es ilegal. Quiero cumplir con mi deber de ciudadano pero me niego a perder mi licencia o ir a la cárcel por el Estado o por usted.

Convine y pensé unos segundos. Ahora bien, yo tenía una excusa legal.

—Parte de mis obligaciones —dije— es inspeccionar las instituciones dentro del área metropolitana. Según expone la Ley de Higiene Mental que incluye el derecho a examinar los informes. ¿Por qué no tropiezo con su ficha? Usted me da su nombre y nadie lo sabrá.

—Eso está mejor. Trato hecho.

Una vez más recorrí en un vuelo la parte alta de la ciudad en un coche de la policía. Otra vez el paciente se ajustaba como un guante a mi descripción. Aún más, ese hombre lanzaba rayos y truenos contra la «Con Ed». Después, llegó la decepción: una de las fechas de una bomba coincidía con su estancia en el instituto.

Mientras seguíamos esas pistas que cada vez nos conducían a un nuevo desencanto no perdíamos la esperanza de que la campaña de publicidad conseguiría que «El Terrorista» se descubriera. Había recogido el reto la víspera de Navidad y cuatro días después colocaba bombas en la Biblioteca y en el cine Paramount. Aquella misma semana respondió de un modo diferente: escribiendo cartas.

Las dirigió al *Journal American,* un periódico de la tarde que ahora ya no se edita. El 26 de diciembre, al publicar la imagen que yo había sugerido, el periódico desafiaba al «Terrorista» a que hiciera algo. En una carta abierta le solicitaba que se entregara.

La respuesta llegó al día siguiente, a la una y media, en una carta con matasellos de Westchester: «Al *Journal American*: He leído su edición del 2 de diciembre. ¿Dónde estaban cuando les pedí que me ayudaran? Sería estúpido que me entregara. No insulte mi inteligencia. Llevaré a la «Con Ed» a la justicia... F. P.»

El 10 de enero de 1957, el *Journal American* publicó una segunda carta solicitando al «Terrorista» que diera más detalles de su agravio. Dos días después llegó una carta de otro lugar de Westchester: «No he conseguido un solo penique en toda una vida de miseria y sufrimientos. Solo me han perjudicado... He recibido un ejemplo de lo que ustedes llaman «nuestro sistema americano de justicia». He decidido dar a conocer estos actos cobardes... su gente me pide que me entregue, bien, señor, ¿quién es el culpable, ustedes o yo...? F. P.»

El 15 de enero el periódico hizo una tercera tentativa, pero esta vez «El Terrorista Loco» no contestó tan pronto. El 15 era martes, nada nuevo se supo de él en esos días, pero el viernes, 18, empezó a tomar forma otra pista prometedora. Entre los diferentes grupos de policías y empleados de la «Con Ed» que investigaban los archivos desparramados de la compañía, había un equipo de tres secretarias en la oficina central, entre la calle Catorce e Irving Place. Durante la semana, cuando no estaban ocupadas con otros trabajos tenían órdenes de examinar una vieja colección de fichas desde 1920 hasta 1930. Las fichas trataban de casos de compensación por daños que la compañía había rotulado «Molestos» —casos en los que la compañía y los empleados habían tenido algún desacuerdo entre la gravedad de la ofensa y la equidad de la compensación.

Una de aquellas mujeres, Alice K. Kelly, había pasado parte del lunes y el martes buscando en un cajón lleno de carpetas desechadas. El miércoles había terminado con aquel cajón sin encontrar ninguna pista y regresó a su otro trabajo. El viernes reanudó la investigación de las carpetas y empezó a buscar en otro cajón.

La tercera carpeta de ese cajón llevaba el rótulo «Metesky, George». Al principio, Alice Kelly no vio en ella nada que la distinguiera de las muchas otras que había revisado. Era una carpeta característica: contenía solicitudes de empleo, cartas y otros papeles especificando una confusa controversia entre la compañía y un empleado olvidado hacía tiempo, con varias oficinas privadas y del Estado pretendiendo actuar como árbitros. El empleado había recibido una lesión y creyó que la compañía le debía más dinero del que estaba dispuesta a pagar. La compañía no estaba de acuerdo. Era un caso como los demás. No había nada esencialmente interesante o asombroso; el empleado no amenazaba ni con bombas ni otros actos violentos; parecía un caso rutinario. Si el informe fuera actual, el caso, en realidad, podría considerarse como si el empleado hubiera aceptado la decisión final de la compañía, pero la ficha no contenía nada fechado después de 1937. Por lo visto, el empleado había abandonado el caso, se había ido y no se había vuelto a saber nada de él.

Sin embargo, algo hizo que Alice Kelly echara una segunda ojeada a la carpeta —algo que le llamó la atención—. En una de las furibundas cartas escritas por el empleado a la compañía aparecía la frase «hechos cobardes».

Alice Kelly se llevó la carpeta a una mesa, se sentó y la examinó con atención. Metesky, George: empleado desde 1929 hasta fines de 1930; escurridor del generador en la planta del «Hell Gate» de la «United Electric & Power Co.», una de las compañías que se habían fusionado con la «Con Ed». El 5 de septiembre de 1931, una expulsión de gases de una caldera lo había derribado. Los médicos no le encontraron lesiones, pero él se quejaba de dolores de cabeza y otros síntomas y durante varios meses la compañía le había entregado la paga de enfermo mientras él permanecía en casa. Repetidos reconocimientos médicos demostraron que no existían lesiones tangibles y por último fue borrado de la nómina. El 4 de enero de 1934, presentó una reclamación a la Junta de Compensación de Trabajadores para percibir una paga permanente por incapacidad, alegando que el incidente de la caldera le había provocado tuberculosis. Le denegaron la súplica, en parte porque medicalmente no se podía atestiguar y en parte porque habiendo transcurrido demasiado tiempo después del accidente el asunto ya estaba archivado. Durante tres años Metesky escribió varias cartas amargas a la Junta, a «Con Ed», a funcionarios del gobierno y otros organismos. Luego, desapareció de la circulación.

Eran las cinco de la tarde cuando Alice Kelly terminó de leer el informe de Metesky, George. Volvió a leer algunas cartas de Metesky. No solo había frases conocidas, como «hechos cobardes», sino que en todas había un tono familiar. Era el mismo tono un tanto envarado, vagamente centroeuropeo que distinguía las cartas de «El Terrorista Loco».

Alice Kelly levantó la vista hacia las otras mujeres.

—Creo... me parece... —dijo.

Le habían pedido a la «Con Ed» que avisara a la maestranza de artillería por si encontraba en los archivos alguna pista. Un interventor llamó por teléfono poco antes de las cinco, y al poco rato vino un detective a recoger la carpeta.

Aquella noche los miembros de la maestranza de artillería discutieron el informe. Además del lenguaje pintoresco, las cartas de Metesky contenían otros elementos interesantes. Por ejemplo, el hecho de que Metesky hubiera estado empleado en la «Con Ed» (técnicamente por una de las compañías predecesoras) y que en una ocasión había discutido con la compañía. La discusión se refería a una enfermedad crónica, como ya indiqué. La enfermedad de la que Metesky se quejaba era tuberculosis en lugar de una afección cardíaca, como creía más probable; pero el hecho de que *fuera* crónica daba a entender que Metesky seguía manteniendo su rencor. Otro elemento significativo era la edad. Cuando ocurrió el accidente de la caldera, Metesky tenía veintiocho años, lo cual indicaba que si todavía vivía tendría ahora cincuenta y tres: el hombre de mediana edad, según mis deducciones, aunque un poco mayor de lo que había supuesto. Tenía un nombre polaco y, según el informe, era católico. Estos elementos también encajaban, así como el hecho de que viviera en Connecticut la última vez que se supo de él. La dirección del informe era 17 Fourth Street, Waterbury.

Durante las semanas anteriores nos habían llegado muchas pistas alentadoras. Por entonces, los hombres del inspector Byrnes se hallaban escarmentados de alimentar vanas esperanzas. Además, eran reacios a molestar a las personas sin necesidad, como en el caso de Pulaski, Dorf y muchos otros ciudadanos inocentes. En la labor de la policía el momento más delicado es cuando se detiene a un hombre para decirle que es sospechoso. La sospecha puede ser infundada; puede inquietar a un hombre que no ha hecho nada que lo merezca. Por tal motivo, un funcionario de la policía quiere que sus sospechas estén justificadas antes de dar este paso siempre tan desagradable.

La maestranza de artillería quería más confirmaciones. A las nueve de la mañana siguiente (sábado) llegó a la policía de Waterbury, Connecticut, una solicitud de Nueva York pidiendo una «investigación discreta» sobre el caso George Metesky, que, según sabían, residió en 17 Fourth Street desde 1931 a 1937.

Al principio, la policía de Waterbury no encontró a George Metesky. La casa que correspondía a la dirección 17 Fourth Street, según la oficina de registros de la ciudad, estaba en 1922 a nombre de un tal Adam Milauskas, que luego la traspasó a su hijo George Milauskas. Según los registros de la ciudad, George Milauskas era propietario de la casa en el período que le interesaba a la policía de Nueva York, por los años treinta.

El capitán Ernest Pakul, un detective veterano, de Waterbury, conocía muy bien el distrito de Fourth Street. Era el sector menos atractivo de Waterbury, separado del resto de la ciudad por el río Naugatuck; un barrio de casas viejas, lúgubres, desaseadas, en mal estado por falta de reparaciones, un lugar rociado de cascotes y malezas; fábricas y almacenes de sucias ventanas. Sus habitantes pertenecían a la primera y segunda generación de centroeuropeos, irlandeses e italianos. Según el capitán Pakul, no era raro que en aquel sector la gente cambiara de nombre extraoficialmente. Brooklyn obedecía a sus propias leyes tradicionales. Muchos de sus habitantes desconocían la verdadera ley, otros no se preocupaban y —aunque sea triste reconocerlo— a la verdadera ley no le importaba Brooklyn mientras resolvieran sus problemas y no molestaran al resto de la ciudad. Por lo mismo, Pakul consideraba posible que Milauskas se hubiera cambiado el nombre por el de Metesky sin registrar el cambio en ningún documento oficial.

A última hora de la tarde del sábado Pakul envió un detective a Fourth Street para conseguir informes. El detective fingía cumplir una labor de rutina al investigar piso por piso relacionada con un accidente de coche que había ocurrido en el barrio. Bajo ese disfraz debía reunir la mayor información posible sobre los habitantes de 17 Fourth Street. El detective llamó a la entrada de la gran casa gris aislada, y de goznes oxidados.

Le abrió la puerta el hombre llamado Mr. Think.

El inspector Byrnes y sus hombres encontraron sumamente interesante la respuesta que les dio la policía de Waterbury.

George Metesky —dijo la policía— todavía vivía en el número 17 de Fourth Street. Su nombre de origen era George Milauskas, pero en la escuela una profesora le cambió el apellido extraoficialmente por el de Metesky porque padecía un ligero tartamudeo y tenía dificultad en pronunciar la combinación de una vocal con la L y un diptongo. Puesto que todos sus compañeros de escuela lo llamaban Metesky, acabó por adoptar ese nombre. A él también le gustaba más que Milauskas.

Los otros datos de George Metesky encajaban perfectamente con la imagen que yo había trazado. Era célibe. Vivía en una casa con dos hermanas mayores, Anna y Mae, las dos también solteras. Sus padres habían fallecido. No tenía empleo a causa de una enfermedad crónica. Carecía de antecedentes penales. Descripción física: estatura, 5 pies 9 pulgadas; peso, unas 170 libras; bien proporcionado. Los vecinos los consideraban como una familia inofensiva pero «extraña», distante, poco sociable. Llamaban al hogar de los Metesky la «Casa Loca». Metesky se mostró cortés con el detective, contestando de una manera cooperativa a todas sus preguntas.

Después de estudiar ese informe el sábado por la noche, un detective se volvió al inspector Byrnes y le dijo:

—Me parece que es nuestro hombre.

A lo que Byrnes replicó:

—Es la mejor pista que hemos encontrado.

El sábado, la búsqueda por los archivos de la «Con Ed» se centró en George Metesky. ¿Qué otras pistas había dejado de su breve estancia en la compañía? Aparecieron unos datos en los ficheros del personal antiguo que se sumaron al montón de sospechas que ya teníamos. George Metesky seguía ajustándose a mi descripción. Había sido en todos los aspectos un empleado modelo hasta que sucedió el accidente de la caldera en septiembre de 1931. Los interventores lo describieron como puntual, inteligente, respondía a las instrucciones, minucioso en el trabajo, callado y de buena conducta. En su informe no había un solo lunar que lo deslustrase. Nunca se había emborrachado ni robado herramientas; jamás se le vio complicado en una pelea ni se había insubordinado. Un interventor observó: «Quizá no era lo bastante duro, pero nos aconsejaron que lo observásemos como posible candidato a encargado del personal.»

El lunes nos llegó la última pista. Finalmente, «El Terrorista Loco» contestó a la tercera carta abierta del *Journal American.* Su respuesta, dirigida el sábado, llegó al periódico el lunes por la mañana, e inmediatamente se entregó a la policía.

Era exactamente lo que había esperado. Haciendo alarde de su fuerza, jactándose de su superioridad, «El Terrorista Loco» nos hartó de informes, desafiándonos a que hiciéramos uso de ellos. Como un boxeador extraordinariamente confiado que, escarneciendo a un adversario más débil, deja por un momento la guardia y ofrece la mandíbula para que lo dejen grogui. En su tercera respuesta «El Terrorista Loco» habló del accidente de «Hell Gate» y dio la fecha: 5 de septiembre de 1931.

Suponía (nos dijo luego) que esos informes nos servirían de muy poco o de nada. El accidente de «Hell Gate» fue el mayor de su vida, pero reconocía que para los demás no tenía importancia. No se publicó nunca en la prensa. Fue un accidente trivial en el que solo se veía envuelto un hombre que se levantó y salió por su propio pie. Metesky dudaba (tenía razón) que el accidente estuviese registrado en los archivos de la «Con Ed». En realidad, la única alusión yacía enterrada en la confusa ficha de un caso de indemnización con el título de: «Metesky, George». La policía y los empleados de la «Con Ed» la habían buscado durante años sin hallar aquella alusión.

Lo que Metesky no sabía, naturalmente, era que la policía tenía la confusa ficha ante los ojos cuando llegó la tercera respuesta al *Journal American.* La fecha del accidente que daba en su carta coincidía con la de la ficha. Era la última prueba que necesitaban los hombres del inspector Byrnes.

El lunes, poco antes de medianoche, llegaron a Waterbury cuatro detectives de Nueva York. El capitán Pakul y tres funcionarios esperaban con un permiso de registro. Los ocho hombres se dirigieron a Fourth Street en una noche lóbrega y oscura y llamaron a la puerta del número 17.

Una luz apareció por algún lugar del fondo de la casa. Unas pisadas hicieron crujir los viejos suelos y se abrió la puerta. George Metesky apareció con un descolorido pijama. Sus ojos azules miraron serenamente a los funcionarios por detrás de las gafas con montura de oro.

—Buenas noches —saludó cortésmente.

Los funcionarios se identificaron alegando que deseaban hacerle algunas preguntas. Metesky sonrió. Con una leve inclinación de cabeza les invitó a que entraran. Posteriormente los funcionarios recordaron perplejos su inagotable cortesía, su constante sonrisa, su infinito deseo de agradar. No era el comportamiento normal de un ciudadano al que sacan de la cama a medianoche. Pero George Metesky no era un hombre normal.

Los funcionarios le pidieron que les diera una muestra de su caligrafía. Al inclinarse sobre un bloc y un lápiz dijo:

—Sé por qué están aquí. Piensan que soy «El Terrorista Loco».

—¿Lo es?

Metesky se limitó a sonreír.

—¿Qué representan las iniciales «F. P.»?

Metesky sonrió otra vez, pareció dudar un momento y por último contestó:

—«Fair Play». (Juego limpio.)

Los agentes le pidieron que se vistiera. Desapareció dentro de su habitación. Cuando salió iba pulcramente peinado, con los zapatos relucientes.

Llevaba un traje azul a rayas con la americana cruzada. Estaba abotonada.

Les mostró con orgullo su taller detrás de la casa, en el garaje de plancha de metal ondulada. El suelo estaba recién barrido; la mesa de trabajo, limpia; las herramientas colgadas en hilera, perfectamente ordenadas. También les enseñó algunas piezas que había reunido para fabricar la próxima bomba.

El grupo salió para entrar en los coches de la policía. Las dos hermanas de Metesky rondaban por el fondo de la casa llorando y retorciéndose las manos. «¡No ha hecho daño a nadie! ¡George nunca ha hecho daño a nadie!, exclamaban sin cesar. Eran flacas, con el cabello gris. Tenían las manos ásperas y curtidas por los años de trabajo en las fábricas de Waterbury. Habían mantenido a George desde los primeros años treinta. Cuando los coches de la policía arrancaron se quedaron en la entrada sollozando como madres que pierden un hijo.

La fotografía que le sacaron a George en la cárcel de Waterbury apareció al día siguiente en la primera página de todos los periódicos de Nueva York. Excepto por los barrotes de la prisión, su rostro hubiera parecido el de un candidato político triunfador o un ganador de un Premio Nobel. Metesky sonreía a través de los barrotes. No, no sonreía: *resplandecía.* Resplandeció todos los días siguientes, cuando lo llevaron a Nueva York y le procesaron por tres cargos: asalto a traición, daños por malicia y violación de la ley de armas de Sullivan. Saludaba alegremente a la multitud que se congregaba para verle, agitando con júbilo los periódicos en que se anunciaba su arresto con grandes titulares. Jamás se le vio aturdido. Bajo un brazo llevaba un paquete cuidadosamente envuelto que contenía una muda; como si fuera de vacaciones. Parecía gozar cada minuto. Los periodistas se desconcertaban ante su aspecto sereno y templado. El *Times* observó que parecía «el hombre que pasa la bandeja en la iglesia de un pueblo». ¿Acaso este hombre tranquilo, resplandeciente, de aspecto agradable, podía ser el sensacional «Terrorista Loco»?

Era él. George Metesky había nacido en Waterbury en 1903. Su madre murió cuando era niño; su padre, en 1930. Había asistido a la «Waterbury High School» durante dos años. Después de la Primera Guerra Mundial se alistó en Infantería de

Marina de los Estados Unidos, donde aprendió el oficio de electricista. En 1929 trabajó para la «United Electric» hasta el día fatal en que una explosión de gas de una caldera lo derribó en 1931. Se levantó y salió sin lesiones visibles. Pero desde aquel día declaró que se encontraba enfermo. Había pasado mucho tiempo acostado en su casa mientras sus hermanas lo cuidaban. Fue a visitar a un doctor que le dijo que estaba tuberculoso. Estuvo en dos sanatorios, pero no se curó. Durante la Segunda Guerra Mundial trabajó por poco tiempo en una fábrica de herramientas de Waterbury; por otra parte, había estado sin empleo desde 1931. Intentó durante muchos años que la «Con Ed» le diera la paga de incapacidad, pero poco a poco lo fueron abandonando. Una explosión de gas puede producir varias clases de lesiones, pero evidentemente no puede ocasionar la tuberculosis. Los doctores se lo habían dicho repetidas veces, pero George, naturalmente, sabía más que los doctores; más que nadie.

Las primeras bombas las dirigió directamente a «Con Ed», pero los periódicos no dieron la noticia de los primeros atentados de los años 1940 y 1941, y esta omisión le había contrariado. Quería llamar la atención del mundo sobre los «hechos cobardes» de la «Con Ed». Explicó a la policía que por tal razón empezó a colocar artefactos mayores y más potentes en lugares públicos donde fueran evidentes. Su experiencia durante la guerra en la fábrica de herramientas le enseñó a trabajar el metal, lo cual le resultó muy útil.

Continuó diciendo que no tenía intención de matar a nadie. No era un asesino. En realidad, durante varios años en muy raras ocasiones había dejado de acudir a la misa del domingo en la iglesia católica de St. Patrick, en Waterbury (aunque no se había confesado hacía mucho tiempo). Insistió en que no era un hombre malo. Se echó a reír cuando la policía le sugirió que sus bombas podían haber matado a alguien por casualidad. ¿*Sus* bombas? ¡Era absurdo! Eso significaría que no estaban minuciosamente hechas; que él, George Metesky, no poseía un control perfecto y completo sobre las mismas. La policía debería saberlo. Dios no se equivoca.

Cuando estalló el caso de «El Terrorista Loco», la revista *Newsweek* me envió un periodista para hacerme una entrevista. Le conté cómo había llegado a describir a Metesky e hice sobre él una última predicción que el semanario publicó el 4 de febrero de 1957.

> Metesky no respondería nunca a un tratamiento psiquiátrico. La psicoanálisis se deslizaría sobre él como el agua sobre el lomo de un pato. Si ingresa en algún centro de recuperación puede transformarse en una persona satisfecha que asistirá con regularidad a la iglesia y será de utilidad a la administración de los hospitales.

Mientras se veía la causa, Metesky estaba detenido en el New York's Bellevue Hospital. Un reconocimiento médico y los rayos X demostraron que estaba tuberculoso de un pulmón. A las dos semanas, gracias a un intenso tratamiento y a un antibiótico a base de estreptomicina estaba en vía de recuperación. Finalmente, se le juzgó enfermo mental y fue encerrado en el Matteawan State Hospital, un centro civil correccional para criminales enfermos mentales. En los últimos años tuve que visitar dicho hospital para entrevistar a los pacientes por los que se había solicitado su traslado a centros frenopáticos civiles de enfermos mentales no criminales.

En una de mis visitas me trajeron a «El Terrorista Loco» al consultorio de costumbre. Era el viejo retrato de la salud: sonriente, tranquilo, complaciente. No llevaba el uniforme del hospital como la mayoría de los pacientes. George Metesky no. Llevaba su vestido de chaqueta cruzada y abotonada. En el hospital era un interno modelo, cumplía todas las ordenanzas, acudía con regularidad a la iglesia y no respondía ni pizca a la terapia.

Charlamos un rato. Parecía completamente satisfecho de su vida en el hospital, aunque estaba seguro de que pronto lo declararían sano y lo soltarían. Sus dos hermanas lo visitaban con regularidad y también escribían con regularidad a la administración del hospital quejándose de la alimentación y alojamiento. (Anna murió en 1965, pero Mae todavía vive en el número 17 de Fourth Street de Waterbury, sigue visitando a George y escribe quejándose por el trato que recibe su hermano.)

George me contó sus planes para cuando saliera de Matteawan. No pensaba escaparse, pues sería inaceptable con vistas a la sociedad. De un modo francamente paranoico quería asegurar su libertad por medios legales: una orden de *habeas corpus.* (Le denegaron la súplica, pero ahora está preparando otra e indudablemente continuará haciéndolo el resto de su vida.)

Hablaba satisfecho de sus planes para cuando saliera del hospital, y luego sacó a relucir las bombas, explicando que era completamente imposible que pudieran matar. Por último, le hice una pregunta:

—George, ¿es posible que durante todo este tiempo haya sido un enfermo mental?

No se enfadó. Era el condescendiente y afortunado paranoico que, como Dios, comprende y perdona los errores de sus criaturas.

Me sonrió. Con un ademán me contestó:

—Pudiera ser, pudiera ser, pero no lo era.

Luego hizo una cortés reverencia y salió de la habitación.

2.

«EL ASESINO DE NOCHEBUENA»

Todos tenemos de vez en cuando un presentimiento. Es una experiencia común y a veces embarazosa, pues resulta difícil explicar qué es un presentimiento. El extraño relámpago de una intuición que te hace sentir en alguna parte de tu interior que estás casi seguro de algo mejor que una suposición. Pero, ¿cómo convencer a los demás?

En el caso de «El Terrorista Loco» tuve el presentimiento de la ropa que llevaba. En el caso de «El Asesino de Nochebuena», que ocurrió apenas un año después, me asaltó otro presentimiento. Este también resultó cierto, pero aún me resulta difícil explicar el porqué.

Después de la captura de «El Terrorista Loco», a principios de 1957, la policía de Nueva York me consultaba varias veces al año según los casos. A veces lamento haber sido tan afortunado al describir a George Metesky, pues debía seguir haciendo honor a aquel éxito. No siempre era fácil, y a veces, imposible. En algunas casos me equivoqué; en otros, me faltó, simplemente, la suficiente información para forjarme una imagen del criminal. En ocasiones, me falló el cálculo de probabilidades: diagnosticaba un paranoico y me lo imaginaba un hombre bien proporcionado y luego resultaba que se hallaba entre el 15 por ciento de los paranoicos que no poseen esa constitución. Sí, hubo casos en que fracasé, pero seguí acertando lo suficiente para que la policía continuara visitándome. Sosteníamos una relación amistosa y de mutuo respeto. Un periodista de gran imaginación me llamó «El psiquiatra profeta», y el caso de «El Asesino de Nochebuena» contribuyó aún más a que me adjudicaran ese apodo.

Técnicamente, el crimen no ocurrió la Nochebuena, sino la noche del 23 de diciembre de 1957. Sin embargo, vivíamos ya el ambiente navideño y eso contribuyó a que el crimen fuera más espeluznante. Era la estación de los buenos deseos, del amor, la paz y la alegría. Un crimen asombra en cualquier época del año, pero en ésta, la idea de una muerte violenta resulta particularmente aterradora. La proximidad de la Navidad dio al caso su nombre técnicamente erróneo.

La escena del crimen es una calle en Queen Village, un suburbio de Nueva York, a pocas manzanas del límite Este de la ciudad. Filas y filas de casas de alquiler modesto, unidas y separadas. En 1957, las casas de apartamentos no habían invadido esta parte de la ciudad. En las calles silenciosas se alineaban árboles de medio siglo cuyas ramas, aun cuando desprovistas de hojas, son tan profusas que casi ocultan la débil luz de los viejos faroles de la calle. Son poco más de las ocho de un lunes por la noche, dos días antes de Navidad. El tiempo es despejado y no hace demasiado frío. Casi todos los inquilinos de esta tranquila comunidad están en sus casas decorando árboles, envolviendo regalos, apresurándose a contestar las felicitaciones de Navidad recibidas a última hora. Fairbury Avenue solo tiene un par de manzanas de extensión, una de esas callejuelas laterales tan corrientes en el distrito de Queen.

Está oscuro. En la calle solo hay dos personas: la señora Mary Nerich y la que la va a matar.

La señora Nerich es una viuda de unos cuarenta años. Trabaja de recepcionista en el consultorio de un doctor. Esta noche ha acudido a una pequeña fiesta de Navidad. Ha tomado un autobús para volver a su casa y ahora se dirige a un edificio de una sola planta donde vive con su hermana y su cuñado. Es una mujer tranquila, cómoda, matronal, de rostro bondadoso y voz amable. Su vida no ha sido muy emocionante. A muchos les parecería una vida monótona, pero ella se siente satisfecha. Es feliz a su modo. Tiene muchas amigas de su edad. Asiste con regularidad a la iglesia y por medio de ella se ha visto mezclada en una serie de actividades sociales y religiosas. Le gusta la gente y es apreciada por todos los que la conocen. No tiene enemigos, que ella sepa.

Sin embargo, tiene un enemigo que ahora la sigue por la oscura calle. Quizá oye las pisadas que se acercan por detrás y tal vez en el último momento se pregunta si tiene intención de acercársele. O se vuelve a mirarlo, pero ya es demasiado tarde. En la noche solo vislumbra el confuso contorno de una cara. Luego, siente las manos sobre ella. Antes de poder gritar le rodea la garganta con un brazo y le clava hasta el fondo un afilado cuchillo en el pecho y en el abdomen. La apuñala una y otra vez. Ella se desploma sangrando sobre la fría acera sin lanzar un grito.

El asesino recoge el bolso de cuero negro y se acerca al farol más próximo. A la confusa luz amarillenta examina el contenido. Encuentra una licencia de conducir por la que se entera del nombre de su víctima. Se guarda la licencia en el bolsillo; luego, cuarenta y cinco dólares en metálico, que también se embolsa, y un lápiz de labios en un estuche de metal con incrustaciones de falsas piedras preciosas.

Con el pintalabios imprime en el bolso una obscenidad: «Mary jodida». Cruza el césped y garabatea la misma obscenidad en la pared de una casa. Luego, deja caer el lápiz dentro del bolso, arroja éste y desaparece en la oscuridad.

Los periódicos de la mañana publicaron un breve relato del crimen. Lo leí en el *The New York Times* y sentí la angustia del dolor y de la pena; luego, como casi todo el mundo, dirigí mi atención a la próxima Navidad y el Año Nuevo.

Aquel año esas fiestas tenían para mí una importancia particular. Aparte de las corrientes reuniones familiares e intercambio de regalos, mi esposa y yo nos habíamos reservado un obsequio. Habíamos pensado volar a Jamaica poco después de Navidad para tomarnos unas cortas vacaciones.

El día antes de marcharnos recibí en mi despacho una llamada telefónica. Era del Departamento de Homicidios de Queens.

—¿Es usted el doctor Brussel, el psiquiatra? —preguntó por la línea una voz hosca y sistemática. Cuando le dije que sí, la voz prosiguió—: Me llamo McCarthy, capitán McCarthy, del Departamento de Homicidios. He oído hablar mucho de usted a otros empleados del departamento. Tenemos un caso que nos preocupa y desearíamos saber si puede ayudarnos...

—Espere un momento —le dije—. Mañana salgo para Jamaica y no volveré hasta...

—Eso no importa. Quizá pueda contárselo por teléfono. A lo mejor se le ocurre algo mientras escucha. ¿Dispone de unos minutos?

—Desembuche.

—De acuerdo. Se trata de un crimen que sucedió hace una semana. Es desconcertante porque la víctima, una señora de mediana edad, al parecer no tenía enemigos. No sabemos dónde encontrar una pista...

Se detuvo unos segundos y continuó en voz más baja:

—Hasta ahora en Queens nuestro registro de homicidios era del uno por ciento. Nos sentimos orgullosos y queremos conservarlo, pero la gente se pone nerviosa, pide acción —ya sabe cómo son esas cosas—, y el comisario me llama varias veces al día para saber por qué no llegamos a una conclusión. Fue el inspector Finney quien me sugirió la idea de llamarle.

—Bien, me siento halagado, desde luego, pero, como siempre, no puedo prometerle nada.

—Me hago cargo. De todos modos, le estaré muy agradecido si lo intenta.

Y me contó la espeluznante historia de la señora Mary Nerich, hallada muerta, apuñalada, en una acera de Queens Village, dos días antes de Navidad.

—Le han dado más de doce puñaladas —dijo—, y al parecer con un instrumento pequeño. Un cuchillito, quizás un cortaplumas.

—Es interesante.

—¿Por qué lo dice?

—Un cortaplumas es cosa de niños. No es normal en un asesino adulto. Un cortaplumas lo asocio con un juego de niños como mascar regaliz.

—Entonces, ¿le parece que podría hacerlo un niño?

—Posiblemente. O un adulto que aún no ha madurado emocionalmente. Es decir, si *era* un cortaplumas.

—Bueno, lo que sí es cierto es que se trataba de un instrumento pequeño. La hoja era estrecha y no muy larga. Fue una desgracia para la señora Nerich que el asesino la acuchillara en lugares vitales. Si un hombre sale con el deliberado propósito de asesinar, lo más probable es que coja un cuchillo mayor.

—Estrecha y no muy larga —cavilé—. Bien, veremos. Continúe.

—La señora Nerich no ha sido violada.

—¿Está seguro?

—Tan seguro como lo estaría usted en estos casos. No hay evidencia de que hubiera intención de desnudarla, excepto que el abrigo está rajado. Fue apuñalada a través de la ropa y por lo que podemos deducir el asesino se limitó a dejarla caer al suelo y se fue.

—Entonces creo en el asesino joven. Prosiga.

—Bueno, hay el bolso. Cuando lo encontramos no contenía dinero. Según su hermana, normalmente llevaba siempre unos cuantos dólares, a veces cincuenta o sesenta. Sospechamos que el asesino se llevó el dinero. También sospechamos que se llevó la licencia de conducir. Su hermana dice que siempre la llevaba consigo, pero no estaba en el bolso cuando lo encontramos. Oiga, ¿para qué quiere alguien robar una licencia de conducir?

—Ambivalencia —repuse.

—¿Qué quiere decir, por favor?

—Ambivalencia. Una característica de la esquizofrenia. Atracción y repulsión simultáneas: coexistencia en la mente de amor y odio. La persona que atacó a la señora Nerich la odiaba lo suficiente para desear matarla, pero también hubiera querido llevarse consigo una parte de ella: alguna pertenencia apreciada, como una licencia de conducir. Ya veo cómo la contempla, la palpa... Pero me dejo llevar por la imaginación. Tal vez robó la licencia para usarla como una identificación falsa, en una carta de crédito, o para cobrar cheques falsos.

—Ya hemos pensado en eso, pero la licencia dice «Mary», por lo tanto solo puede servir para identificar a una mujer, y el asesino no es una mujer, por lo menos eso es lo que pensamos. Es muy raro que las mujeres asesinen de esa manera tan salvaje y sangrienta. Suponemos que el asesino tiene una amiguita y robó la licencia de la señora Nerich para que su amiga la use como un documento falso de I. D. (Intelligence Department). Pero...

—¿Pero qué?

—Existen otras circunstancias que nos dejan perplejos. No es necesario apuñalar a una mujer una y otra vez solo para arrebatarle la licencia de conducir. Un golpe en la cabeza hubiera sido suficiente, y luego, hay esa palabra obscena en su bolso y en la pared. Es evidente que fueron hechas con el propio lápiz de labios de la víctima, un objeto enjoyado con una superficie muy áspera para que queden huellas. Todo nos da la impresión de un crimen sexual, no solo un robo.

—También a mí me lo parece. Aquí hay algo más de lo que al principio pensé. Continúe.

—No hay mucho más. Tal vez solo una débil pista. —Ah.

—*Tal vez* «Ah». Dos mujeres que viven en la misma calle recuerdan que una semana antes de Navidad, a eso de la hora de cenar miraron por la ventana. Las dos dicen que vieron a un hombre que paseaba despacio de una parte a otra de la acera, por el lado opuesto del lugar donde fue hallada la señora Nerich. Las mujeres tienen la impresión de que no iba a ninguna parte; solo estaba allí, esperando.

—¿Joven, viejo, alto, bajo?

—No pueden decirlo. En aquella casa la luz es mala. Todo lo que hemos conseguido averiguar es que se trataba de un hombre vestido de oscuro. Pero existe otra particularidad.

—¿Cuál?

—Siempre que el hombre pasaba ante un farol, sacaba las manos de los bolsillos y se las miraba.

A veces la gente se pregunta la proporción de ciencia e imaginación que hay en mis deducciones psiquiátricas. Es una pregunta difícil de contestar. En realidad, no conozco la respuesta, por lo menos en términos precisos. Solo puedo decir que siempre empiezo una deducción con una sólida base científica, pero llega un momento en que la intuición y la imaginación entran en juego. Cuando pienso mucho en un criminal que no conozco, cuando he reunido todos los hechos conocidos, hurgo en ellos, los agito en mi mente y entonces empiezo a *ver* el hombre. Lo veo cada vez con más claridad. Me imagino su rostro, oigo su voz y, como en el caso de George Metesky, hasta veo qué traje lleva.

¿Es imaginación? Quizás. A veces es intuición. La intuición ha sido definida como el conocimiento de una idea sin que se razone. En el curso de los años la mente almacena un montón de datos, pero no todos sirven para el proceso del pensamiento consciente. Algunos yacen bajo la superficie. Es conocimiento, pero conscientemente no lo sabes. Sin embargo, de vez en cuando se hace notar: produce un rápido y misterioso destello de *conocimiento.* Un presentimiento. No sabes de dónde procede ni estás seguro de poder confiar en él, pero está en tu mente pidiendo insistentemente que lo tengas en cuenta. ¿Qué haces con él? ¿Lo arrojas o lo usas? Esa es la elección que debes hacer. En general, yo uso esos destellos intuitivos mientras sean compatibles con otros datos.

Mi juicio sobre «El Asesino de Nochebuena» empezó, como siempre, de un modo científico junto con intuición o imaginación.

La característica que más me intrigaba y desconcertaba era la aparente ambivalencia del asesino. Lo veía llevándose en el bolsillo aquella licencia de conducir, sintiéndola, sacándola de vez en cuando para mirarla. Lo oía exclamar: «Ahora eres mía, Mary, me perteneces.» Esos sentimientos tan antinómicos de amor y odio difícilmente existen en nadie que no sea un esquizofrénico. No podrían existir, por ejemplo, en el pensamiento tan metódico de un paranoico como George Metesky.

Pero ¿por qué había escogido a la señora Nerich? ¿Por qué a ella? Una mujer de edad mediana y de aspecto matronal. Si el problema era sexual, ¿por qué no se había sentido arrastrado hacia una mujer más joven con encantos sexuales más manifiestos?

Retrocedí a mi primera idea de que el asesino debía de ser muy joven. El uso posible de un cortaplumas, había sido el origen de aquel juicio. Además, estaba el hecho de que no violó a la víctima, lo cual parecía demostrar que no tenía el mismo conocimiento del sexo que un adulto. La atracción que sentía por la señora Nerich se hallaba posiblemente en su subconsciente: no sabía exactamente por qué la amaba y la odiaba; por qué la había matado. Había tenido una mujer indefensa en sus manos; sin embargo, no supo qué hacer.

La edad de la señora Nerich era una pista más. Una mujer de tipo maternal. ¿Podía simbolizar la madre del asesino?

Parecía lógico. Reflexioné que la madre del asesino le había causado algún perjuicio. Me la imaginé mimando a su hijo desde que nació, quizás intuía que el niño era subnormal. Tal vez era demasiado tranquilo, dócil, retraído. A lo mejor, un esquizofrénico constitucional, desde que nació. Cuando más solícita se mostraba con su hijo, más irritaba a su padre la personalidad tímida, introvertida e insociable del niño. A éste lo veía como un hombre fuerte, seguro de sí mismo, reprochándole por ser un melindroso, por no tener carácter, y cuanto más vociferaba más protegía la madre al niño que se retiraba a sus brazos protectores. El muchacho odiaba al padre, sí; lo que era aún más importante, le temía. Por lo tanto, nunca se le hubiera ocurrido la idea de suprimirlo aunque hubiera deseado verle muerto.De pronto, sin saber cómo, le «falla» la protección de su madre. Tal vez el padre había muerto o se había marchado de casa. El muchacho pudo pensar que ahora lo querría solo a él, pero, en cambio, o ella se había vuelto a casar o se había enamorado de otro hombre; quizás el muchacho aun vivía bajo el mismo techo que el padre, que cada vez se le hacía más insoportable. O recurrió a su madre, que lo consoló con dulces palabras, prometiéndole que pondría remedio a la situación, y no lo hizo. Ella, a la que él tanto quería, no había cumplido su promesa y empezó a creer que ya no lo quería. El dolor se paga con el dolor, y puesto que el subconsciente siempre reclama el máximo, el dolor debía de ser la muerte.

Ahora bien, su principal problema era el conflicto entre la exigencia instintiva de su muerte y la realización de la misma a causa de su conciencia, ya que matar a una madre es socialmente inadmisible. La única solución era buscar una componenda, y la encontró. Halló una réplica simbólica de su madre, la mató y se llevó los objetos de valor que representaban para ella su más preciada posesión, lo que le había negado: su amor.

Si la señora Nerich a sus cuarenta y tantos años le recordaba su madre, el joven perturbado no podía tener más de veinte años. Posiblemente era aún un adolescente. La imagen que me había formado de él se hacía cada vez más clara. Según Kretschmer, un tipo esquizofrénico lo más probable es que fuera de constitución asténica: delgado para su estatura, de esqueleto menudo. Lo imaginé atado a las faldas de su madre, tímido, una quisquilla.

¿Una quisquilla? Me detuve en mis pensamientos sorprendidos. No poseía una base científica para sustentar aquella teoría. Podía ser delgado y alto. Sin embargo, la imagen de la «quisquilla» no desaparecía. Instintivamente lo veía de aquel modo. Un muchachito retraído, asustado del mundo, amedrentado por sus compañeros de escuela, escarnecido por su padre. Un solitario, sin amigos, introvertido, corriendo hacia su madre cada vez que una amenaza asomaba en su horizonte. Acechando en la oscuridad donde la gente no le viera, donde pudiera esconderse.

Acechando... y mirándose las manos cuando pasaba ante un farol. ¿Por qué?

¿Un caso grave de acné? Podía muy bien ser. El típico esquizofrénico delgado, anguloso, es muy probable que tenga una circulación lenta. La estructura de su cuerpo podía causar problemas de riego: la sangre debe recorrer un largo trecho antes de que llegue del corazón a las extremidades. Es probable que tenga la presión baja, el pulso lento y la piel fría y azulada. Estos síntomas, junto con una tendencia a la seborrea (piel grasa), pueden producir granos, pústulas y en general una complexión fea. Las personas con un físico más macizo son menos propensas a padecer esta afección.

De acuerdo: una quisquilla con acné. ¿Se arriesgaría a alejarse de su madre? Seguramente, no. Por lo tanto, reflexioné que probablemente vivía cerca de donde murió la señora Nerich.

¿Dónde se le podría encontrar por el día? Tal vez en la escuela: un mal estudiante que carece de empuje para obtener buenas notas. O en algún empleo servil.

No podía imaginarme a este muchacho débil, insociable, introvertido, caviloso, solitario, ocupado en un trabajo que requiriese iniciativa o habilidad para convivir con otros compañeros. Un botones, sí. Pero empleo de larga duración, promociones, subidas de sueldo, o una profesión, no.

—Oiga, oiga —dijo de pronto el capitán McCarthy—. ¿Está todavía ahí, doctor?

Advertí que había estado pensando mucho rato.

—Sí, aún estoy aquí —dije a través del teléfono—. Estaba forjando en mi cerebro la imagen del asesino. Puedo estar equivocado, pero es la única imagen que tengo. ¿Está dispuesto?

—Sí, adelante.

—De acuerdo. Físicamente es un muchachito bajo y flaco. No tiene más de veintiún años, ni su estatura sobrepasa los cinco pies y tres pulgadas; pesará unas ciento veinte libras. Es un esquizofrénico canijo, feo, privado de cariño y asustado. Probablemente padece acné. Vive cerca de la calle donde fue hallada la señora Nerich. No tiene amigos, deambula por la casa con su madre, si es que aún ella está allí. Ve la televisión, lee *comics*. Puede ser que vaya al instituto de estudios superiores, donde a duras penas conseguirá graduarse o estará a punto de que lo expulsen por mal estudiante. Puede haberlo dejado para huir de la gente. Su informe de trabajo, si es que ha trabajado alguna vez, está lleno de faltas. En sus solicitudes de empleo no puede exigir nada más que la de un chico para hacer recados y dudo mucho que dure más de uno o dos meses. O se va o lo despiden al poco tiempo.

El capitán McCarthy estaba silencioso. Me imaginaba su expresión escéptica. Hice todo lo posible para explicar mis razonamientos y luego proseguí:

—Su vida privada. La madre puede que se haya vuelto a casar. Esto no forma parte del mosaico pero encaja perfectamente. Explicaría cómo se precipitó su crisis. En cualquier caso, el hombre de la casa es el rival del muchacho y en cierto modo sus relaciones han llegado a una crisis. El muchacho quiere a su madre y odia al hombre, tanto si es su padre, su padrastro o solo el amigo de su madre. Ese hombre, quienquiera que sea, lo más seguro es que sea fuerte, un tipo agresivo, abrumador, y probablemente ha triunfado en su comercio o profesión. El chico está celoso del hombre que le roba el cariño de su madre. Al revés de casi todos los chicos, a éste le falta lo que se necesita para salir y buscarse por sí mismo una joven. No está maduro psicosexualmente. Todavía se adhiere a su primer amor: su madre. La quiere, aunque también la odia por haberle dejado colgado. La señora Nerich simboliza su madre, y por eso la ha matado. Se puede decir que aquella noche la señora Nerich se convirtió en la sustituía de su madre.

—Tiene lógica —dijo el capitán McCarthy, pero me pareció que dudaba.

—Es un cálculo de probabilidades. No digo que *debe* ser así. Solo digo que a mí me parece lo más probable.

—Claro. Prosiga.

—Bien, hasta este momento el muchacho ha estado tan pegado a las faldas de su madre, tan alejado del mundo que no me lo imagino un chico revoltoso ni en la escuela ni en ningún sitio. Dudo que antes haya cometido ninguna fechoría. Le falta empuje. No lo encontrará en ninguna lista de delincuentes juveniles o en las de las escuelas por mala conducta.

—Comprendo. —El capitán McCarthy hizo una pausa—. Pero escuche: ¿cómo se explica que ese chico asexual escribiera una palabra obscena en el bolso de la señora Nerich?

—Era su modo de decir: «Al diablo contigo». No quiere decir que tuviera un impulso consciente de realizar un acto sexual con su madre. Claro que hay un lazo incestuoso, pero es inconsciente. Del modo como yo lo veo, emocionalmente es aún un niño. A pesar de su edad cronológica no se halla cerca de la pubertad. La palabra que escribió en el bolso era la expresión más fuerte que conocía para decir: «Madre, vete al infierno». No es más que una expresión picara que oyó en la escuela.

Al otro lado del hilo hubo un corto silencio. Al cabo de un rato el capitán McCarthy dijo.

—¿Es eso todo?

—Es todo lo que se me ocurre por el momento.

—¿Dónde sugiere, entonces, que podemos buscar al chico?

—Podrían revisar los dermatólogos del lugar. Si tiene un acné de tipo grave, su madre pudo haberlo enviado a un doctor para que lo trate. Podrían buscar en el instituto de la ciudad —es el Van Burén High, ¿no es cierto?—; pidan una lista de los chicos como el que he descrito. Pero no los camorristas, sino los insignificantes. Y hay una posibilidad.

Me detuve, cavilando. El capitán preguntó:

—¿Qué es?

—-Bueno, me imagino al muchacho impulsado a anunciar lo que ha hecho. Con toda seguridad es el primer paso que ha dado solo. Finalmente ha «conquistado» a su madre. Se dice: «¡Muchacho, si mi padre cree que es fuerte, *mírame,* mira lo que *he* hecho!». Recuerde que no ha madurado; que es posible que sienta el impulso infantil de jactarse sin advertir, con el juicio de un adulto, que el hacerse ver puede traerle malas consecuencias, y sin ningún dominio maduro del impulso.

—¿Jactarse? ¿Cómo?

—No lo sé. Puede alardear delante de los amigos, si tiene algunos. Puede seguir escribiendo en las paredes. Diga a sus hombres que recorran el vecindario por si ven alguna frase parecida.

Después de cambiar unas breves palabras, el capitán McCarthy y yo nos despedimos. Me fui a hacer los últimos preparativos para el viaje a Jamaica y él prosiguió la caza del asesino de la señora Nerich.

El 4 de enero, estaba sentado en el comedor de un hotel de Jamaica, matando el tiempo ante una segunda taza de café y leyendo la edición del correo aéreo del *The New York Times.* En una de las últimas páginas vi una pequeña nota que me llamó la atención. El asesino de la señora Nerich había sido apresado.

Daba pocos detalles. La noticia se limitaba a publicar que el asesino había confesado y había sido enviado al «Rings County Hospital» para tenerle en observación psiquiátrica. Había otro detalle que me interesó: tenía dieciséis años.

Cuando regresé a Nueva York una semana después encontré sobre la mesa de mi despacho cuatro o cinco notas diciéndome que llamara al capitán McCarthy. Le telefoneé en seguida.

—¡Felicidades! Ya veo que han aclarado rápidamente el caso de la Nochebuena.

—Con su ayuda, doctor.

—¿Cómo lo han conseguido?

—Le contaré toda la historia, pero antes déjeme decirle algo muy curioso. El día que hablé con usted me llamó el comisario. Estaba nervioso con el caso y quería saber si habíamos descubierto algo; un hecho repugnante, *cualquier cosa*. De modo que le contesté:

«Sí, señor, sospechamos que es un adolescente o no tiene más de veinte años. Su estatura no sobrepasa los cinco pies tres pulgadas, pesa unas ciento veinte libras, tiene acné en el rostro, o alguna erupción. Es esquizofrénico. Un chico solitario, no tiene amigos y nunca ha tenido contactos sexuales. Vive cerca del escenario del crimen. Sus antecedentes son limpios. Si ha trabajado, sus empleos se han limitado a hacer recados. Si va a la escuela, es un mal estudiante.» Cuando hube terminado, el viejo me gritó: «¿Quién diablos se cree ser, Sherlock Holmes?»

Me eché a reír.

—Está bien. Ahora cuénteme la historia.

—Con mucho gusto. Después de hablar con usted empezamos a buscar por el barrio a un muchacho de las características que usted había descrito. Visitamos los dermatólogos y otros doctores del lugar. Uno de nuestros empleados estaba en Van Buren High revisando los informes. Dijimos a la patrulla de servicio que observara si había frases sucias en las paredes. A los pocos días tropezamos con una pista verdaderamente afortunada e insólita.

«Una noche —continuó el capitán McCarthy—, los detectives Harold Cohen y John Sweeney pararon el coche junto a una cabina telefónica para hacer una llamada de rutina. Cohen entró en la cabina, se detuvo unos momentos y luego salió.

—Entra y mira le dijo a a Sweeney.

«En la negra superficie pulida del teléfono descubrió dos palabras escritas al parecer con lápiz rojo o pintalabios. Las palabras eran las siguientes: «Paul jodido».

(Paul no era el nombre que aparecía escrito, pero para evitar nuevos disgustos a la infortunada familia no descubriré el auténtico.)

Cohen y Sweeney reconocieron algo familiar en esta inscripción pornográfica. El rojo contra el negro brillante les recordó la inscripción en el bolso de la señora Nerich. La frase era la misma, solo había cambiado el nombre de «Mary» por el de «Paul».

Los dos detectives informaron lo que habían encontrado. El capitán McCarthy, recordando lo que le dije sobre el posible deseo del asesino de hacerse publicidad, estaba intrigado. En Nueva York, como en cualquier ciudad, las inscripciones obscenas en las paredes y en las cabinas telefónicas forman parte de la vida diaria como el ruido del tráfico, y poco se puede hacer en ninguno de esos dos casos. Generalmente, una inscripción pornográfica no llama la atención de la policía; pero ésta valía la pena investigarla. No solo era igual a la del bolso, sino que la cabina estaba a pocas manzanas del lugar donde se encontró el cuerpo de la señora Nerich. El capitán McCarthy recordó mi conjetura de que el asesino seguramente vivía por allí cerca. Inmediatamente envió a unos policías en busca de un muchacho o un joven que correspondiera a la descripción que le di y que atendiera al nombre de Paul.

En los archivos del instituto de la localidad constaban tres muchachos llamados Paul de una edad aproximada. Uno era miembro de un equipo de baloncesto, muy popular entre las chicas; además era un estudiante de clase B. De momento lo dejaron estar. Otro era un chico que parecería acercarse más a mi descripción. Sus notas en el instituto oscilaban entre la C y la D; aunque contaba con un pequeño grupo de amigos, no se le consideraba popular. Pero había unos datos que lo hacían un sospechoso improbable: vivía lejos de la escena del crimen y era grueso.

El tercer Paul parecía el retrato del asesino, en carne y hueso. Cuando la policía preguntó por él, los funcionarios de la escuela no podían al principio relacionar el nombre con el rostro. Por lo visto era uno de esos muchachos en que nadie se fija: una de esas personalidades tristes, calladas, que pasan por un centro de enseñanza sin dejar huella, en tal forma que resulta difícil creer que tal persona haya existido. Finalmente, y con gran dificultad, los funcionarios del instituto recordaron a Paul. Dijeron que era un chico tímido, reservado. Luchaba por mantenerse en el promedio del grado D. No tomaba parte en ninguna actividad fuera del curso; raras veces hablaba si no le preguntaban. Nunca colaboraba en los debates de la clase excepto cuando el profesor lo llamaba. No tenía antecedentes delincuentes ni, por lo mismo, de ninguna clase. Vivía, según la ficha del instituto, a seis manzanas del lugar donde fue hallado el cadáver de la señora Nerich. La cabina telefónica en la que los detectives Cohen y Sweeney habían descubierto la obscena inscripción se hallaba a una distancia equidistante entre su casa y la escena del crimen.

Los detectives llamaron a la casa de Paul, un edificio bien conservado en una agradable calle residencial. Abrió la puerta un muchacho delgado de estructura delicada, con una complexión cetrina desfigurada por el acné. Los policías le preguntaron cómo se llamaba —Paul—, se identificaron y pidieron para entrar.

Paul miró nervioso por encima del hombro.

—Mi padre está trabajando y mi madre tampoco está en casa. Yo...

Pero su madre apareció por detrás del chico secándose las manos con un paño de cocina. Era una mujer bonita, de unos cuarenta años, frescachona, de estatura mediana; una mujer que vista por detrás en una calle oscura, de noche, se la hubiera podido confundir con Mary Nerich.

Los detectives se presentaron y ella les rogó que entrasen. Parecía asombrada y preocupada, mirando primero la cara de los agentes y luego la de su hijo.

Uno de los detectives empezó a explicar las razones de su visita. En cuanto mencionó el nombre de Mary Nerich, Paul se derrumbó en el acto gritando:

—¡No tenía intención de matarla! —sollozó—. Me sobrecogió una sensación... No iba a... No tenía intención...

En su cuarto, los detectives encontraron el cortaplumas que Paul reconoció haber usado para acuchillar a Mary Nerich. Hallaron un cheque extendido a nombre de Mary Nerich y también encontraron su licencia de conducir.

—El chico tenía dificultad para graduarse en el instituto —dijo el capitán McCarthy—. Como usted adivinó, realizaba un trabajo servil: era *pinboy*[1] en una bolera.

—¿Y qué hay de su situación familiar? —pregunté—. ¿Estaba divorciada la madre y se había vuelto a casar?

—No, el padre vive con ellos. No había ningún segundo hombre.

—Ahí me equivoqué. Buscaba una explicación para demostrar cómo se había precipitado la crisis.

—El chico y el padre habían tenido muchas discusiones por causa de las notas del instituto, e infiero que acompañadas de sonoras bofetadas. La madre había tomado partido por el padre. Quizá fue eso.

—Quizá —contesté cavilando.

—El padre era la clase de tipo que usted indicó. Era mecánico; un hombre resuelto que había salido adelante. No podía comprender el comportamiento de su hijo. —El capitán McCarthy hizo una pausa y luego añadió—: Francamente, doctor, estoy asombrado.

—Bueno, yo...

—Usted resolvió el caso por teléfono, sin visitar siquiera la escena del crimen. Solamente sentado en su despacho me describió el retrato del asesino; y no solo de él, sino el de toda la familia. Todavía no comprendo cómo diablos lo consiguió.

Sonreí y dije:

—Llámelo solo intuición.

(1) Chico que se ocupa de los bolos de una bolera.

3.

«EL TERRORISTA DEL DOMINGO»

El domingo 2 de octubre de 1960, a las cinco de la tarde, estalló una bomba en Times Square, Nueva York. Era una bomba muy potente. Estalló en un terreno cubierto de arbustos cerca de la estatua de George M. Cohan, produciendo un agujero de dos pies de profundidad en el suelo y salpicando de lodo la estatua. Los detritus saltaron a unos cincuenta pies en todas direcciones, hiriendo a seis personas.

Otro terrorista loco andaba suelto.

George Metesky se hallaba en aquel momento —como lo está hoy— en un hospital frenopático. Cuando se enteró de la explosión por los periódicos del día siguiente, movió la cabeza con desaprobación. «Era demasiado grande —dijo apenado—. Usó mucho explosivo. Podía haber matado a alguien.»

Aquel domingo de octubre, la explosión fue, en efecto, muchísimo más fuerte que la de los típicos artefactos de George Metesky. Al analizar los fragmentos de despojos, los policías químicos dedujeron que la bomba estaba hecha con pólvora negra, la clase empleada normalmente en los triquitraques o en pequeños trabajos industriales de explosión. No se encontraron fragmentos de metal, lo que indicaba que el explosivo estaba encerrado en cartón o papel y había sido encendido con una mecha en lugar de un artilu- gio de relojería.

El domingo siguiente, 9 de octubre, a las 4.47 de la tarde, una bomba aún mayor estalló a ocho manzanas de distancia de la primera, en la esquina de la Quinta Avenida y la calle Cuarenta, fuera del edificio de la Biblioteca Pública. La explosión se oyó en toda el área del centro de la ciudad. Destrozó la puerta de cristal de la Biblioteca, de un cuarto de pulgada de espesor, rompió las ventanas de los edificios del otro lado de la calle, lanzando lodo y piedras a una distancia de casi media manzana. Afortunadamente, a aquella hora había pocas personas paseando cerca de la Biblioteca, y las únicas lesiones fueron cortes de poca importancia producidos por los escombros.

Otra vez la policía rastreó el área y analizó los escombros, con el mismo resultado que la semana anterior. No había fragmentos de metal, sino unos pedazos, al parecer, de servilletas de papel. Algunos detectives expusieron su teoría de que la bomba podía haber sido hecha introduciendo algún explosivo en el tubo de cartón de un rollo grande de servilletas de tocador.

Casi no había pistas. Poco antes de la explosión, vieron a un hombrecito delgado con un traje marrón que cruzaba corriendo la plaza de la Biblioteca para alejarse del lugar de la bomba. La policía lo buscó, pero había desaparecido hacía rato entre la muchedumbre que los domingos pasa por la Quinta Avenida y la calle Cuarenta y Dos.

Al revés de George Metesky, este nuevo terrorista no tenía el hábito de escribir notas sobre los agravios recibidos, cualesquiera que fueran. El lunes anterior se encontró una nota secreta en un cine de Times Square, pero no existían pruebas de que fuera escrita por el terrorista. Podía ser obra de algún inofensivo bromista. La nota decía: «Mr. Kennedy (seguramente se refería al comisario de policía Stephen P. Kennedy), le ruego me perdone por la primera bomba, pero tengo que matar a 100 personas en una semana. Estoy enfermo, como antes. La próxima bomba la pondré en algún espectáculo de Times Square. El Enfermo.»

La nota se encontró en el suelo del cine Victory, en la calle Cuarenta y Dos, a unas cuatro manzanas del lugar de la primera. Estaba escrita, al parecer, por una mano vacilante en una hoja de papel corriente de las que se usan para escribir a máquina, cuidadosamente doblada y dentro de un sencillo sobre blanco. La policía la guardó, pero dudaba que tuviera alguna relación con las bombas.

Las otras únicas pistas se concretaban al horario de las bombas. Las dos habían estallado alrededor de las cinco de la tarde de un domingo. ¿Indicaba esta casualidad que el terrorista era algún fanático religioso? ¿Acaso iba a la iglesia los domingos por la tarde, se sentaba en un banco con sus lúgubres pensamientos y empezaba a dar forma a algún arrebato religioso contra la humanidad y luego salía y colocaba una bomba? ¿O lo hacía, precisamente un domingo, para indicar que trabajaba los otros seis días de la semana?

Nadie lo sabía. Pero ya le habían puesto un nombre a ese nuevo perturbador de la paz de Manhattan: «El Terrorista del Domingo».

El comisario Kennedy empezó a reunir fuerzas para combatir a «El Terrorista del Domingo». Asignó cincuenta agentes para rastrear el área de Times Square en busca de pistas y designó una patrulla extra para que cubriera el área los domingos.

El comisario no descuidó la posibilidad de que «El Terrorista del Domingo» pudiera también actuar los demás días festivos. El miércoles siguiente al estallido de la bomba en la Biblioteca Pública era el 12 de octubre, el Día de Colón. Era un hermoso día de otoño, uno de esos días en que la corriente capa de *smog* se había desvanecido con el aire descubriendo un asombroso cielo azul. Casi un millón de personas se lanzaron a la calle para contemplar el tradicional desfile del Día de Colón en la Quinta Avenida. A medida que pasaba el desfile, la policía observaba y esperaba.

Aquella mañana se produjo un ligero temor a las bombas. Un hombre llamó al *Daily News* y dijo: «Soy «El Terrorista del Domingo». En honor al Día de Colón he puesto una bomba en el Coliseum.» La policía revisó todo el edificio sin encontrar nada.

Y entonces, a las 3'25 de la tarde, estalló una bomba muy potente en la estación del metro de Times Square Shuttle, entre una máquina expendedora y una pesada verja de hierro. La máquina y la verja, al parecer, contuvieron parte de la fuerza de la explosión pero tres personas que estaban en el andén de la estación, a unos cuarenta pies de donde se produjo la explosión resultaron lesionados, una, grave. La estación se llenó de un espeso humo negro. Cuando el eco de la terrible explosión resonó por los pasillos del metro, las mujeres empezaron a gritar. La gente echó a correr en todas direcciones, a la ventura, presa del pánico, aunque la rápida actuación de la policía de tránsito evitó que el pánico de la muchedumbre provocara un daño mayor o quizás algún accidente mortal.

La policía interrogó a todos los que pudieron cercar y que habían estado en la estación del metro en aquel momento. Una jovencita dijo que había visto a un hombre bajo, de unos treinta años que salía corriendo del lugar un momento antes de producirse la explosión. Al principio dijo que era un hombre robusto; después, cambió de parecer y dijo que a lo mejor era un hombre delgado con un pesado abrigo. Añadió que se había fijado en él porque tropezaron cuando iba a tomar el tren. Miraba frente a él corriendo entre la muchedumbre en línea recta en lugar de escabullirse en zig zag como la mayoría de la gente hace instintivamente.

Un hombre pequeño de unos treinta años, tal vez delgado. ¿Sería el mismo que vieron cruzar corriendo la plaza de la Biblioteca el domingo anterior?

El domingo siguiente, 16 de octubre, un nutrido cuerpo de guardias de la policía y varios detectives vagaban por el área de Times Square. Como en el caso de «El Terrorista Loco» varios años antes, una sección de la Maestranza de Artillería se hallaba bajo el mando del delegado inspector John Sexton y el teniente Thomas J. Cavanagh. Trescientos detectives y policía secreta estaban dispuestos a realizar un servicio especial para atrapar a «El Terrorista del Domingo». Con la idea de que el misterioso criminal tuviera acceso a los explosivos y tal vez trabajaba en la construcción, un grupo de detectives se dedicó a verificar los archivos de las compañías constructoras y asociaciones de la industria de la construcción en busca de un hombre que hubiera sufrido alguna injusticia o trastorno mental. Otro grupo se dedicó a investigar entre los fabricantes y distribuidores de petardos, en que la pólvora negra pudiera haber sido usada para la fabricación de las bombas. Pero el grupo más importante se hallaba en las calles, cines, hoteles y bares de Times Square.

Era entonces, como lo es aún hoy, uno de los barrios menos atractivos de Manhattan. Centenares de prostitutas buscan clientes en las calles llenas de basura, bares oscuros y hoteles baratos. Las librerías y los cines ofrecían todas las emociones sexuales que permitía la ley, cada vez más tolerante. Se vendían drogas en las esquinas de las calles y en la oscuridad de los bares. Desviados sexuales de toda clase buscaban amigos en los cafés y en los soportales del metro. Por las aceras paseaban homosexuales con los pantalones ceñidos y estrambóticos peinados de color amarillo o naranja. Los forasteros se quedaban boquiabiertos ante estos espectáculos o contemplaban maravillados las vitrinas de las tiendas de remate con una mercancía relumbrona y de pacotilla indecorosamente cara, y si un subastador charlatán no les aligeraba de su dinero lo hacía un ratero.

En este barrio actuaba «El Terrorista del Domingo» en el que posiblemente vivía o pasaba la mayor parte de su tiempo libre; y con esta clase de gente hablaba la policía sin encontrar una pista fructuosa.

El tercer domingo de octubre resultó curiosamente tranquilo. No estalló ninguna bomba. Hubo unos cuantos petardos pero no produjeron muchas molestias a la policía. Una anónima llamada telefónica de una casa del distrito de la calle Cincuenta y cuatro, oeste, dijo que había una bomba en un edificio de apartamentos a unas pocas manzanas. La policía se dirigió al edificio, encontró en el pasillo un paquete envuelto en papel de estraza, lo abrió con cuidado y sacó una copa de helado. Dentro había una nota que decía: «¡Bang! ¡El Terrorista del Helado!»[1].

Sin embargo, el domingo siguiente, 23 de octubre, fue diferente. El *ferryboat Knickerbocker* de Staten Island había salido del muelle de Manhattan y hacía un recorrido por el Upper Bay a las 4,45 de la tarde, llevando a bordo unos noventa pasajeros. De repente, una terrible detonación hizo oscilar el barco. Una bomba, al parecer de gran potencia, había abierto un agujero en el puente del camarote de las mujeres destrozando todas las ventanas del barco.

Algunos pasajeros fueron arrojados al suelo por el rápido bandazo del barco pero no hubo heridos. La policía se preguntó después, si fue debido al azar o con un propósito que el camarote de las mujeres donde estalló la bomba se hallase en aquel momento vacío. El día anterior se había roto una ventana del camarote; los helados, vientos penetraban por la abertura y las pasajeras que normalmente habrían estado en el camarote, o se hallaban fuera o en el puente de sotavento calentado por el sol o en otro camarote. ¿Sabía el terrorista que el camarote estaría vacío? ¿O esperaba que estuviera ocupado?

El juicioso patrón del *Knickerbocker* puso un radiograma a la policía y viró para regresar a Manhattan. La policía esperaba en el muelle donde iba a atracar el barco. Todos los pasajeros fueron acosados a preguntas antes de desembarcar. Por último, la policía decidió que el terrorista no se hallaba a bordo. Había colocado la bomba y encendido la mecha antes de que el barco saliera de Manhattan y luego había saltado a tierra.

Dos pasajeros contaron que habían visto a un hombre bajo y delgado que desembarcaba en el preciso momento en que el barco se disponía a zarpar.

La policía estaba preocupada por el hecho de que esta cuarta bomba hubiera estallado lejos de Times Square. Estaba casi segura de que era obra de «El Terrorista del Domingo»: el día de la semana, la hora, los fragmentos que hallaron de toalla de papel y otras pistas les llevaba a esta conclusión. ¿Por qué había dejado su guarida de Times Square para colocar esta nueva bomba? ¿Se hallaba inquieto por la incesante actividad de la policía por el área de Time Square? ¿Acaso, desde ahora, recorrería toda la ciudad como hizo George Metesky?

El comisario Kennedy reforzó aún más las patrullas y la persecución. Prometió al público que echaría mano de todos los métodos, corrientes e insólitos para atrapar al peligroso criminal.

Mi viejo amigo, el inspector Finney vino a verme a mi despacho.

—Tenemos el presentimiento de que vive por algún lugar de Times Square —dijo Finney mientras se sentaba en un sillón junto a la mesa—. O muy cerca para poder llegar fácilmente el domingo por la tarde. No creemos que viva en la periferia, como Metesky.

—De acuerdo. Hay probabilidades de que Times Square sea su refugio habitual. Psicológicamente, aunque no físicamente, es su hogar. Esto explica que es soltero y posiblemente homosexual.

---

[1] Juego de palabras. Domingo en inglés se escribe «Sunday» y helado «Sundae» y la fonética es exactamente igual.

El inspector Finney enarcó las cejas en espera de una explicación.

—Bueno —dije—. Empecemos comparando a este hombre con nuestro viejo amigo George Metesky. George, como usted recordará, era un paranoico. Un hombre extraordinariamente metódico. Se relacionaba con un mundo real, no con algún mundo creado por su fantasía. Tenía una noción equivocada en el mundo real —creía que «Con Ed» le había perjudicado— pero actuaba en el mundo real. Le interesaba lo que la gente pensase de él. Quería que el mundo lo comprendiese y por eso escribía aquellas cartas explicando sus agravios. Estaba en comunicación con la realidad.

El inspector Finney asintió y dijo:

—Hasta ahora estoy de acuerdo con usted.

—¡Bravo! Ahora consideremos a este «Terrorista del Domingo». No escribe cartas. Creo que encontraron una nota en un cine de Times Square, pero se trataba solo de una vaga amenaza, no de una lista de injusticias.

—De acuerdo. En realidad, tenemos nuestras dudas de que la escribiera el terrorista.

—Es casi seguro de que no la escribió él, pero aun cuando fuera cierto, no es la clase de nota que escribiría un paranoico. En realidad no decía nada. Era precisamente una amenaza insensata sobre su intención de matar a cien personas. El tipo de amenazas que escribe quien vive en un mundo de *fantasía.*

—Perfectamente. Según recuerdo, George nunca amenazó con matar a nadie.

—Exacto. George sabía que matar era una equivocación; que existen penas severísimas para los asesinos. Aún más, nunca habría hecho una amenaza que no pudiera cumplir al pie de la letra. Amenazó con hacer lo que precisamente hizo: colocar bombas y punto final. Nunca abrigó la idea insensata de matar a cien personas. Solo quería perjudicar a alguien a fin de llamar la atención. Se hubiera alegrado de poner fin a su actuación para no causar daño a nadie si se le hubiera «recordado» cuando sus bombas aún eran inofensivas.

—Entonces, lo que usted dice es que «El Terrorista del Domingo» no es un paranoico.

—Decididamente, no. Creo que es un esquizofrénico y un enfermo peligroso. Sus bombas son lo suficiente potentes para matar. Al parecer, no le importa cometer asesinatos, y lo que es aún más significativo, no le importa que la gente lo conozca o lo comprenda. Vive en un mundo suyo. Proyecta alguna venganza, pero no se ha tomado la molestia de decirnos quién es o de qué clase de venganza se trata. En su mente borrosa presume que ya lo sabemos.

—Al revés de George.

—Al revés de George. George, al final, reconoció sus crímenes de una forma ansiosa porque estaba seguro de que *no* sabíamos. Quería que supiéramos de él, y le defraudaba permanecer oculto. Probablemente, se consideraba como un Dios benigno, pero sabía que ese Dios nunca se revelaría a nosotros de un modo mágico o místico. Comprendía que para revelarse tenía que comunicarse con nosotros, lo que demuestra un juicio metódico, no fantástico. «El Terrorista del Domingo» es diferente. También se puede considerar un Dios. Sus bombas pueden tener la intención de castigarnos por nuestros pecados. Pero presume, si es que lo piensa, que ya sabemos por qué nos va a castigar. Es muy posible que nunca lo haya meditado. En el fondo, no le importa si lo sabemos o no. Ese hombre vive en un mundo completamente fuera de la realidad.

Seguí especulando sobre las causas que existían detrás de la enfermedad de «El Terrorista del Domingo». Podía haber sido rechazado por su madre, o por su madre y su padre a la vez. Falto de cariño familiar y de la seguridad de un hogar estable, probablemente ha crecido de un modo «extraño» o «diferente», rechazado por otros niños y más tarde, por los adultos. Puede haber tenido problemas de tipo efectivo en sus relaciones con las mujeres y su impulso sexual puede haber girado hacia cauces homoeróticos. Posiblemente no es un homosexual activo. Es probable que no tenga relaciones sexuales ni con hombres ni con mujeres; simplemente, se siente más cómodo con los hombres, más a gusto, más aceptado por ellos. Un hombre de este tipo se sentiría impulsado a frecuentar un barrio como Times Square, un barrio poblado por otros solitarios, seres que van a la deriva, almas perdidas. Allí se sentiría más o menos como en su casa. Los otros lo dejarían solo. Se sentiría rodeado de ellos sin que se lo pidieran. Seguiría estando solo, pero no un extraño o su desplazado como en otros ambientes.

No obstante, puede sentirse enfurecido con el mundo en general por haberle rechazado. Al llevar una vida solitaria, tal vez célibe, puede llegar a odiar a todos los que disfrutan sexualmente o con cualquier clase de compañía humana, disfrutan lo que le niegan a él. Esos sentimientos pueden intensificarse en un lugar como Times Square. Me parece verle recorriendo las calles los sábados por la noche, hirviendo de coraje al ver a las parejas paseando cogidas de la mano. Se para a contemplar con amargura las insinuantes fotografías que están en el exterior de los cines pornográficos; personas que gozan de experiencias que a él se le han vedado siempre. Puede ser que siga a las prostitutas por las calles, odiándolas por lo que representan.

Una fábula de Esopo nos cuenta de un zorro incapaz de alcanzar un racimo de uvas y se va refunfuñando porque las uvas están demasiado verdes y no las quiere. Esopo era un viejo sabio y psicólogo. Puede no ser típico en los zorros pero lo es en los seres humanos despreciar lo que no se puede conseguir. La reacción de «las uvas están verdes» es una autodefensa. Si queremos algo que no podemos tener y si el deseo insatisfecho nos causa dolor, aliviamos ese dolor tratando de convencernos de que después de todo no queremos el objeto deseado. No inventamos razones para no quererlo.

Tal puede haber sido la reacción del «Terrorista del Domingo». Para protegerse del dolor que le causa un deseo inasequible ha llegado a convencerse de que el mundo de los hombres y las mujeres es un mundo sucio y pecador. No quiere formar parte de él. En realidad, desea destruirlo.

—Es una teoría —dije al inspector Finney—. Lo que puedo asegurarle es que encaja en los hechos que sabemos.

Finney asintió.

—Y esos hechos son desgraciadamente muy pocos. ¿Adivina por qué arroja las bombas los domingos por la tarde?

Me encogí de hombros.

—Pueden existir varias razones. Tal vez va a la iglesia los domingos y es allí donde fragua su furor pseudorreligioso. O quizá la rabia le sobreviene los sábados por la noche; regresa a su habitación y se pone a meditar. Se siente aún más solo y decepcionado. También puede fabricar las bombas el domingo por la mañana.

—Todo eso que dice tiene lógica. Nosotros habíamos pensado lo siguiente: trabaja toda la semana en un empleo manual y duro. Cuando llega a casa por la noche está muerto de cansancio, cena y se desploma en la cama. Pero el sábado por la noche sale a pasear por las calles. También por la noche es cuando hay más movimiento en Times Square. Allí vería más conductas pecaminosas que cualquier otra noche.

—De acuerdo, y hablando de trabajos manuales duros, seguramente ha considerado la posibilidad de que trabaje en la construcción.

—Sí, un obrero albañil con acceso a explosivos. Pero ¿qué hay sobre su aspecto? ¿Podría describírmelo?

—Probaré. Como esquizofrénico, lo más probable es que sea de constitución asténica, delgado, anguloso. Lo veo como un hombre de aspecto desabrido, con un rostro delgado, amargo, pálido. Lleva el odio hasta en los ojos.

—¿Conoce al hombre pequeño y delgado?

Fruncí el ceño.

—¿Qué hombre pequeño y delgado?

—Un hombre que corresponde a esta descripción y que han visto en tres lugares donde pusieron bombas. De una estatura de cinco pies y medio y que debe pesar unas ciento cuarenta libras, de unos treinta años. ¿Se adapta?

—Efectivamente.

El inspector Finney parecía malhumorado.

—Todo lo que tenemos que hacer es dar con él.

Miré a Finney un rato preguntándome si debía decirle lo que pensaba. Finalmente, decidí revelárselo en seguida:

—No deben perder el tiempo.

—¿Qué quiere decir?

Me levanté y empecé a pasear por el despacho.

—El subconsciente no sabe nada de números —dije—, trata con símbolos. Un muerto podría ser lo mismo que un millón. Si el terrorista del domingo mata solo a una persona, puede creer que su venganza es completa. Al matar a un pecador, simbólicamente lleva el máximo castigo a la humanidad, y entonces, puede cesar en su intento. Simplemente, desaparecer entre la multitud; un don nadie sin rostro y pasar el resto de su vida recreándose en su victoria y su fuerza. Ya no se enfurece al ver una prostituta o una pareja de amantes el sábado por la noche. Sonreirá para sí diciéndose: «Os he castigado. Os he castigado a *todos.*»

—En otras palabras —dijo Finney—, ¿tenemos que capturarlo antes de que mate a alguien o de otro modo perdemos la oportunidad?

—Ese es mi presentimiento. Mientras actúe como el terrorista del domingo es vulnerable: tiene que arriesgarse. Si mata a alguien y cesa... —me encogí de hombros.

El inspector Finney me miró de un modo aciago.

El fin de semana fue relativamente tranquilo. El sábado, 29 de octubre, a las 11'30 de la noche, una llamada anónima a la policía dijo que había colocado una bomba en el cine Paramount, en Times Square. La policía registró todo el cine sin hallar nada. Al día siguiente, domingo, una bomba muy pequeña estalló en una cabina telefónica en la estación del metro de Times Square. En realidad no llegó a ser una explosión, sino poco más de un destello y una columna de humo. Al investigar, la policía encontró un cilindro de cartón carbonizado con una botella de cristal dentro. La carga de pólvora estaba a su vez dentro de la botella.

Durante toda la semana siguiente me sentí extremadamente nervioso, así como la policía, los periódicos y los millones de neoyorquinos cuyas ocupaciones los llevaban a o cerca de Times Square. Había en la atmósfera una sensación desagradable de expectación, como si uno se sintiera observado por algún cazador oculto. El terrorista del domingo podía estar en cualquier parte: en una esquina, en un grupo de gente bajo la marquesina de un cine. Docenas de ciudadanos llamaban a la policía para informarle sobre personajes sospechosos acechando en el vestíbulo de una casa de apartamentos o mirando por una ventana. La policía, mientras tanto, preguntaba a centenares de hombres de toda la ciudad.

Y llegó el domingo, 6 de noviembre. Muchos años después los detectives de Manhattan lo llamaron «el domingo loco».

Aquella mañana, a las once, un trabajador del «Transit Authority» vio un paquete pulcramente envuelto en una lata de basura. Llevaba ochenta centavos de franqueo en sellos sin estampillar e iba dirigido a Fidel Castro, en Cuba. El empleado iba a abrirlo cuando pensó que podía ser una bomba y avisó a la policía. La maestranza de artillería abrió el paquete con precaución. Dentro había una caja de bombones con una naranja podrida y una nota: «Soy amiga del señor Castro. Me gusta mucho. Trabaja demasiado. Debería tomarse unas vacaciones y comerse este naranja si todavía está madura. Regina Rice.»

No se encontró ninguna Regina Rice en las guías telefónicas de la ciudad. La policía suspiró y volvió a sus otras obligaciones.

A eso de la una del mediodía un hombre llamó a la Jefatura Superior de Policía alegando que era el terrorista del domingo. «He decidido terminar de una vez. Me he convertido en una bomba ambulante. Dentro de treinta minutos moriré y también cien personas que estarán a mi lado. Alabado sea Dios.»

Pasaron los treinta minutos anunciados pero no se registró ninguna explosión en toda la ciudad.

A última hora de la tarde, un hombre sin afeitar, con un traje raído, pequeño y delgado, de «aspecto vulgar» (de este modo lo describieron los espectadores), entró en una cafetería de la calle Cuarenta y Dos del Oeste y pidió un plato de sopa.

Cuando se hubo marchado, una camarera encontró una nota doblada debajo del plato vacío: «Nunca más volveré a este asqueroso lugar. S. B.»

Las iniciales S. B. ¿podrían ser las de «El Terrorista del Domingo»?[1].

La camarera telefoneó a la policía. Dos policías de la secreta inspeccionaron el barrio en busca del cliente descontento sin dar con él.

A las 6 de la tarde, los espectadores del cine Liberty, en la calle Cuarenta y Dos del sector Oeste, se alarmaron al ver un rápido destello de luz que salía por debajo de un asiento. El gerente del cine vino con una linterna y vio en el suelo un libro que humeaba. Lo cogió y lo abrió. Tenía las páginas agujereadas y estaba lleno de pólvora negra. Una mecha ardiendo había llegado a la pólvora sin conseguir encenderla del todo.

Si el libro hubiera funcionado, se habría producido una peligrosa explosión. ¿Había estado en el cine «El Terrorista del Domingo»?

A las 7'15 de aquella tarde, un tren «A», en la parte baja de la ciudad, de la línea del metro IND, estaba parado en la estación de la calle 125 con las puertas abiertas. El «A» era un expreso que esperaba un tren local para entrar en la estación de modo que los pasajeros pudieran cambiar de un tren a otro. Era uno de los trenes más nuevos de la «Transit Authority», limpio y reluciente; los dos tonos de gris y la franja roja aún no se habían ensuciado con el tizne del subterráneo. Llevaba seis vagones repletos de gente que se dirigían a cines, restaurantes y fiestas.

El quinto vagón llevaría unas treinta personas. Entre ellas había una joven de quince años, llamada Sandra Breland, y dos amigos. Los tres jóvenes discutían alegremente sobre quién se sentaría al lado de quién. Los chicos querían que Sandra se sentara entre los dos y la muchacha, para mortificarles, se fue a la parte de atrás del vagón y se sentó en una butaca para una persona sola, junto a las puertas.

La butaca desapareció en medio de una explosión infernal. Abolló los costados de acero del coche, rompió todas las ventanas menos una, destrozó los asientos desde la base, arrancó pedazos de hormigón del andén. Las luces del coche se apagaron. La gente se retorcía y gritaba por el suelo que rápidamente quedó viscoso por la sangre.

Los que estaban en el andén cayeron al suelo por la fuerza de la explosión. Un hombre, de pie junto a la puerta abierta del último vagón, fue barrido del andén y arrojado a las vías, donde se quedó pidiendo socorro. Otros recibieron heridas en la cara causadas por los vidrios al estallar. Una mujer gritaba: «¡Estoy ciega! ¡Estoy ciega!»

Ruppert Cobb, un patrullero que estaba paseando por la calle a la entrada de la estación, cuando oyó el horroroso estampido bajó corriendo la escalera, se hizo cargo de la situación, dio órdenes a un empleado de la taquilla para que llamara a la policía y luego corrió al quinto vagón, oscuro y humeante.

Una joven pedía socorro. Era Sandra Breland. Cuando el patrullero la iluminó con la linterna vio que tenía ambas piernas arrancadas de cuajo. Murió un minuto después.

[1] En inglés «El Terrorista del Domingo» se escribe *Sunday Bomber*, de ahí la deducción del inspector al ver las iniciales S. B.

«El Terrorista del Domingo» había cumplido su venganza.

Cuatro meses después la policía aún buscaba al asesino. Durante un corto período pensaron que lo habían encontrado: un obrero de la construcción con un largo historial de desórdenes mentales. Sin embargo, al final, el caso se cerró por falta de pruebas. Poco a poco se perdieron las esperanzas a medida que transcurrían los domingos sin que nuevas bombas estallaran en la ciudad. «El Terrorista del Domingo» había cesado en el empleo y había desaparecido.

A menudo pienso en él cuando tengo que pasar por Times Square. Contemplo a los hombres solitarios y pensativos de pie en las esquinas o mirando las vitrinas de las librerías de obras pornográficas, y me pregunto si se encuentra entre ellos. ¿Estará satisfecho al pensar del modo cómo consiguió castigarnos a todos los pecadores? ¿Se recrea en su obra? ¿Se encuentra en paz? O —el peor de todos los pensamientos—, ¿estaba equivocado en mis conjeturas? Quizá considere que el castigo no es suficiente. Tal vez algún domingo, la idea se apodere otra vez de él. Si esto sucede, la policía y yo tendríamos otra oportunidad de seguirle la pista. Pero no es un domingo al que espero con impaciencia.

4.

LOS ASESINOS DE WYLIE

En cierta ocasión, cuando era médico psiquiatra del ejército, me llevaron a un cuartito del cuartel en donde un teniente se había puesto en la boca el cañón de una «Colt 45» y apretó el gatillo. El cuerpo quedó sin cabeza. Lo que fue la cabeza estaba literalmente pulverizado por las paredes y el techo. Aunque soy médico y por lo tanto, más o menos habituado a la vista de la sangre, aquella espantosa escena me dejó horrorizado. Me persiguió durante mucho tiempo. Fue el espectáculo más sangriento que había visto en mi vida hasta el mes de septiembre de 1963.

A última hora de la tarde de aquel mes de septiembre, la policía de Nueva York me mostró una colección de fotografías en color. Las habían sacado de un apartamento de Manhattan donde vivían tres jóvenes recién graduadas Patricia Tolles, Emily Hoffert y Janice Wylie. Jamás hasta entonces había visto nada parecido que me causara tal horror y lástima. Aquella noche no cené.Emily y Janice habían sido asesinadas. Sus cuerpos yacían en el suelo de un dormitorio del apartamento. Janice estaba desnuda; Emily, vestida. Ambas habían sido salvajemente acuchilladas repetidas veces con cuchillos de la cocina. El abdomen de Janice estaba rasgado y destripado. Las dos jóvenes aparecían atadas juntas en un abrazo grotesco con tiras arrancadas de las sábanas. Janice estaba echada sobre la espalda; Emily, a su lado, de cara a Janice. Por todas partes había sangre. El color dominante de las fotografías era el rojo.

La idea general que se tiene de un psiquiatra es la de un ser más o menos tranquilo que, al comprender los motivos que impulsan a las personas, trata de no juzgarlas. Suponen que no se emociona con facilidad, procurando conservar de una forma profesional la sangre fría. Lo conseguí en el caso de «El Terrorista Loco». Nunca sentí una particular animosidad contra George Metesky, y en realidad le cobré afecto cuando finalmente le conocí. Pero este espeluznante crimen doble era diferente. Soy un psiquiatra, pero después de todo, también un ser humano. Mientras contemplaba aquellas espantosas fotografías abominaba del hombre que había perpetrado aquella pesadilla.

George Metesky había hablado de «hechos cobardes». En su caso la mayoría era imaginario. Éste era real. Uno de los más cobardes, más detestables, con los que tropezó la policía de Nueva York.

¿Podía ayudar a encontrar al asesino? Le dije a la policía que haría todo lo que pudiera.

Eran tres mujeres jóvenes, como tantísimas otras que se habían sentido arrastradas por las deslumbrantes luces de Manhattan, la animación y la promesa de aventuras. No hacía mucho eran unas jóvenes universitarias. Ahora eran unas muchachas graduadas independientes, con un apartamento y dinero propio y la gran ciudad como campo de juego.

Pat Tolles era una joven bonita, morena, de veintiún años. Su padre era el decano de la Universidad de Hamilton, en Clinton, Nueva York. Sentía inclinación por el periodismo y trabajaba de principiante investigando en la biblioteca de la revista *Time.*

Janice Wylie, de veintiún años, era hija del escritor Max Wylie y sobrina del también escritor Philip Gordon Wylie. Era una joven rubia extraordinariamente atractiva que deseaba ser actriz. Mientras esperaba una oportunidad estaba empleada en la sección de recortes de prensa de la revista *Newsweek.*

Emily Hoffert, de veintitrés años, era hija de un eminente doctor de Minneapolis. Quería dedicarse a la enseñanza y le esperaba un puesto de maestra en la ciudad de Long Island de Valley Stream. Iba a empezar a trabajar allí en aquel mes y aprovechaba las últimas semanas del verano para mudarse a otro apartamento en la parte baja de Park Avenue, cerca de la estación de ferrocarriles de Long Island. Llevaba gafas, tenía el cabello castaño y un rostro agradable y simpático. Hacía poco que había llegado de Cambridge, Massachusetts, en donde había vivido cerca de Beverly Samans, de veintitrés años. En mayo de aquel años, Beverly Samans había sido asesinada por un criminal sexual llamado «El Estrangulador de Boston». Desde entonces, Emily se sentía atormentada por los crímenes sexuales y se mostraba reacia a salir de noche por las calles de Nueva York.

Compartían un apartamento de 250 dólares mensuales, con dos dormitorios, en un tercer piso, en un edificio de la calle Ochenta y Ocho, del sector Este, entre las avenidas Madison y Park, a unas cuantas manzanas más abajo del límite sur de Harlem. El barrio aún se consideraba «elegante», aunque poco a poco había ido bajando de categoría. Era un edificio de nueve pisos, bien conservado, con un portero que empezaba su trabajo a las 7 de la mañana hasta medianoche. La mayoría de los inquilinos eran mujeres que ejercían una profesión o una carrera.

El hermano de Pat Tolles, Ted, había vivido en aquel apartamento con algunos compañeros de cuarto antes de que lo alquilasen las tres jóvenes en el mes de junio. El propietario y los vecinos hablaban muy bien de Ted y de sus compañeros. Era un joven tranquilo, agradable y considerado con los otros inquilinos, lo mismo que las tres muchachas. De vez en cuando daban una pequeña fiesta y recibían constantemente a muchos jóvenes, pero procuraban molestar lo más mínimo y eran consideradas por todos los vecinos. Una anciana que vivía en el piso de abajo, conocida por los agrios comentarios sobre los jóvenes de la actual generación, observó una vez: «Son tres muchachas encantadoras. Ojalá todos los jóvenes fueran como ellas.» Janice le había ayudado en cierta ocasión a llevar la compra a su casa y se ofreció para barnizar algunos muebles del piso.

De este modo comenzó un episodio en Manhattan que terminó el miércoles 28 de agosto de 1963.

Aquel miércoles hacía una agradable mañana de verano, soleada pero fresca, con una temperatura baja de 21 grados. Janice había pensado acudir aquel día a una manifestación de derechos civiles en Washington, D. C., y se había arreglado para tener el día libre en la oficina, pero le faltaba el dinero suficiente y desistió de hacer el viaje, de modo que pensó dedicarse a algunas compras y a ciertos trabajos rutinarios en el apartamento. Aquella mañana se quedó más rato en la cama, durmiendo desnuda como tenía por costumbre en verano.

Emily se estaba preparando para su trabajo de maestra que debía comenzar dentro de un par de semanas. A última hora pensaba llevar algunos objetos personales a su nuevo apartamento. Se levantó temprano para preparar las maletas. A eso de las 9'25 salió a visitar a una amiga que vivía a media hora del apartamento. Emily tenía un coche pequeño, un «Fiat», que no consideraba lo suficiente amplio para trasladar todas las cosas. La amiga le prestaría por unos días un coche mayor.

A las 9'30 Pat salió para acudir a su trabajo en el *Time*. Janice se quedó en la cama.

Pat pasó la mayor parte del día como cualquier otro laborable. Llegó a casa a las 5'30 de la tarde. La puerta del apartamento estaba cerrada como siempre. Pat la abrió, cruzó el vestíbulo e iba a entrar en la salita de estar cuando se quedó petrificada.

El cuarto de estar aparecía como si hubiera pasado una manada de búfalos. Lámparas y sillas, volcadas; periódicos y chucherías esparcidos por el suelo. Pat entró en la habitación y se quedó horrorizada, dio la vuelta y salió huyendo. Corrió dos manzanas hasta llegar a casa de Max Wylie. Éste conocía y apreciaba a las dos compañeras de cuarto de su hija y algunas veces había invitado a las tres jóvenes a cenar. Escuchó lo que jadeante y horrorizada le contó Pat e inmediatamente fue con la muchacha al apartamento. Observó el cuarto de estar, la cocina, un dormitorio; luego se dirigió al otro dormitorio y contempló el espectáculo más terrible y sangriento que pudo imaginar.

En cuanto pudo reunir las fuerzas suficientes llamó a la policía.

Entre los que llegaron primero al apartamento para investigar los hechos se encontraba el delegado Walter Arm y el jefe de la policía secreta Lawrence McKearny. En los días siguientes se incorporaron rápidamente otros detectives y especialistas. A fines de semana, como la ciudad horrorizada esperase más noticias, un nutrido cuerpo de policía, de uniforme y de paisano, recorría Manhattan de parte a parte.

Era un caso desconcertante. Las pistas de que disponíamos no nos conducían a ninguna conclusión.

En el apartamento había abundancia de huellas dactilares, pero resultaba que la mayoría pertenecían a las tres jóvenes o a los amigos y amigas que de vez en cuando iban a visitarlas. No había huellas digitales de sangre. El asesino había sido precavido. Era evidente que las manchas de sangre del lavabo y de las toallas las habían eliminado antes de marcharse. También había algunas manchas en los muebles del dormitorio que pudieron ser hechas al frotar con una toalla.

Por lo que pudo deducirse, la hora aproximada del fallecimiento de las muchachas haba sido poco antes del mediodía. Emily, como luego se supo, salió de casa de su amiga con el coche prestado a las 11. El contenido del estómago indicó al doctor Hamilton Halpern, el inspector médico de Nueva York, que se había detenido por el camino a almorzar. Descontando quizá una hora para el viaje, en medio del intenso tráfico y para aparcar el coche, más otra media hora para el almuerzo, la policía dedujo que Emily habría llegado al apartamento no antes de las 12. Janice no había almorzado —este factor demostraba que el asesinato no se había cometido mucho más tarde de la una.

Aunque el crimen parecía obra de un «maníaco sexual» o «estuprador perturbado», como los periódicos indicaron en diversas ocasiones, no existía una evidencia decisiva de que el asesino hubiera abusado de las jóvenes —excepto en el sentido de que los cuchillos simbolizaran su potencia—. Emily presentaba el himen intacto. En ninguna de las dos jóvenes había huellas claras de coito reciente ni de manipulaciones manual o instrumental. No se encontró semen ni en sus cuerpos ni en ningún lugar del apartamento. Esto no desechaba el sexo como motivo del crimen, pero contribuía a que el hecho fuera menos claro y añadía nuevas interrogantes al enigma. Tal vez el asesino no pudo satisfacer su impulso —cualquiera que fuera— o un golpe dado en la puerta lo había aturdido e interrumpido o había eyaculado anticipadamente.

Pat Tolles al regresar a casa halló la puerta cerrada. El asesino pudo abrirla con una tirita de celuloide del cuello (en efecto, un detective abrió la puerta con este procedimiento así como otras del apartamento para demostrar lo fácil que era), o acaso una de las muchachas lo dejó entrar.

Una puerta de servicio que salía del apartamento hacia una escalera de incendios estaba entreabierta cuando llegó Max Wylie. Era posible que el criminal hubiera salido por aquella puerta. Las chicas siempre la tenían cerrada por dentro con un pestillo.

Se encontraron tres cuchillos: dos, manchados de sangre en el dormitorio de las jóvenes; un tercero, en una palangana con sangre en el cuarto de baño. Los tres cuchillos procedían de la cocina de las muchachas. En el suelo del dormitorio, junto al cuerpo de las muchachas, aparecían pedazos de vidrio de una botella de bebida dulce. Al parecer, a Janice le habían golpeado la cabeza con esa botella, pero no así a Emily. En las palmas de las manos de Emily se hallaban incrustrados algunos fragmentos de vidrio, lo cual indicaba que tal vez se hallaba consciente y luchó antes de morir.

También en el suelo del dormitorio, entre los cascos y la sangre, había un objeto aún más inexplicable. Un tarro abierto de *coid cream.*

Casi todos los que entraron en el apartamento la primera impresión que recibieron fue de que aquel horrendo crimen empezó por un robo con escalo que luego derivó en un sádico asesinato cuando Janice o Emily, o las dos, sorprendieron al intruso. El desorden del cuarto de estar podía ser una evidencia de un intento de robo. Otro factor era que el crimen había ocurrido en un día laborable. Un caco —dedujo la policía— lógicamente elegiría ese momento para entrar en el apartamento de una mujer que trabaja. Por el contrario, un criminal sexual hubiera esperado la noche, cuando sabía que encontraría a las mujeres en la casa.

Sin embargo, Pat Tolles no echó a faltar en el apartamento nada que tuviera algún valor. La policía pretendía que el intruso pudo haber llegado como un escalador, cometió el crimen doble para protegerse y luego, debido a la excitación, se olvidó de su propósito y se marchó sin el botín.

Parecía posible, pero —pensándolo mejor— no probable. Una revisión de todos los otros apartamentos del edificio demostró que no había pruebas de que hubieran entrado ni de que forzasen las puertas. Algunos inquilinos estaban en la casa aquel día y a esa hora —por ejemplo, la anciana del piso inferior—. Nadie vio a ningún desconocido en los pasillos ni oyó nada raro. Un ladrón que entra en un apartamento de día, normalmente toma la precaución de tocar el timbre o llamar a las puertas hasta dar con el apartamento en que no le responden. A los que les abren las puertas les da una explicación plausible, dice que viene a revisar el contador de la luz o que está haciendo una encuesta política. Aquel día ningún hombre había estado en la casa.

Por lo tanto, era evidente que el asesino había ido directamente al apartamento de las tres jóvenes. ¿Por qué había escogido aquél? Si hubiera vigilado la casa conocería algo de los inquilinos; habría descubierto que valía la pena escalar otros apartamentos en lugar de aquél. Poco tenían las tres jóvenes que pudiera considerarse de valor material.

Una segunda ojeada a la sala de estar pareció también desmentir la teoría del ladrón. La habitación aparecía más desordenada que saqueada. Las pruebas indicaban una lucha salvaje, no un hombre solo que busca algo a hurtadillas.

¿Por qué, entonces, había venido el hombre al apartamento? ¿Para consumar algún extraño impulso sexual con una de las jóvenes? Parecía probable y un nuevo indicio así lo indicaba. Durante las semanas anteriores Janice había recibido algunas llamados obscenas y vagamente amenazadoras en su despacho de *Newsweek.* Las muchachas que trabajan en Manhattan como en todas las ciudades, corren el riesgo de recibir llamadas anónimas y obscenas por teléfono. El que llama suele ser un hombre que por miedo o por cualquier problema sentimental no da la cara. Sienten la emoción de hablar del sexo amparados en el anonimato, encerrados en la oscura seguridad de una cabina telefónica. A menudo escogen al azar el nombre de una joven en la guía telefónica. En otras ocasiones es un hombre que ha tenido algún ligero contacto con la muchacha —tal vez trabaja en la misma empresa o la ha conocido en una fiesta— y sabe su nombre. El que llamó a Janice pertenecía a este tipo. No solo sabía cómo se llamaba sino también otros datos de la muchacha.

La llamó a la oficina durante el día. Ella no reconoció la voz y él le habló de los órganos sexuales.

Una vez, cuando no estaba en su despacho, una de las compañeras cogió el teléfono. «Dígale a Janice que me llame —dijo la voz— o su padre no vivirá la semana próxima.» Y dio un número de teléfono para que Janice le llamara. Janice le contó el incidente a su padre. Max Wylie le aconsejó que lo olvidara; no obstante ella le llamó, preocupada, al número que el hombre había dado. No le contestaron. Más tarde, la policía descubrió que era el número de una cabina de un *drugstore* cercano al edificio del *Newsweek.*

Unas dos semanas antes del asesinato, el hombre misterioso habló con Janice por última vez. En cuanto profirió la primera palabra, Janice le interrumpió: «¡No estoy dispuesta a escucharle! ¡No me vuelva a llamar!»

Él replicó: «Está bien. Allá usted con las consecuencias.» Y colgó.

La policía consideró que podía ser alguien que trabajaba en *Newsweek.* La noche antes del crimen, Janice había asistido a una fiesta compuesta en su mayor parte por empleados de la revista *Newsweek.* ¿Se hallaría entre los presentes el misterioso desconocido? ¿Fue a visitar a Janice al día siguiente?

—Sí, es un caso difícil —me dijo uno de los detectives cuando yo examinaba las espeluznantes fotografías. Era un agente alto, delgado, de rostro pensativo y preocupado. Estábamos sentados en mi despacho de Broodway número 270, el mismo despacho en que conocí al inspector Howard Finney siete años atrás, cuando hablábamos del embrollo de «El Terrorista Loco».

—¿Las armas eran unos cuchillos y una botella? —pregunté.

—Exacto.

—Entonces, no fue con intención de matar.

—Probablemente, no. Al parecer encontró las armas en la cocina después de llegar allí.

Reflexioné: el asesino no tenía intención de matar. Aparentemente no era un ladrón. Había ido directamente al apartamento de las chicas, escogiéndolo entre tantos otros del mismo edificio en los que podía entrar con la misma facilidad. Fue allí con un propósito determinado. ¿Cuál?

Examiné las fotos y algo me llamó la atención, y entregué una al agente.

—¿Ve algo extraño? —le pregunté.

Él la miró.

—¿Se refiere a toda esta ferocidad?

Moví la cabeza.

—No. Fíjese en los muslos de Janice Wylie. El resto del cuerpo está salpicado de sangre, así como la ropa de la cama, el suelo y hasta las paredes. Los muslos también deberían estar manchados, en cambio vemos una ancha raya de sangre ligeramente ondulada en cada muslo, que va desde las rodillas hasta la pelvis. Parece como si un pintor hubiera usado parte de la palma de la mano para hacer un dibujo ondulado con la sangre.

El agente y sus hombres miraron la fotografía frunciendo el ceño.

—¡Maldita sea! No comprendo nada. ¿Qué quiere decir?

—Ritualismo. Esas rayas no pueden haber sido hechas por un asesino que ha tenido alguna relación sexual con el cuerpo. Hubieran sido simplemente unos churretes. Esas rayas fueron hechas a mano y con mucha atención.

—¿Por qué?

Moví la cabeza.

—No lo sé. Una señal de despedida, tal vez, o de perdón. Al parecer el asesino sentía el impulso de infligir daño a las mujeres o vengarse de ellas. Lo más probable es que esta imagen tenga que ver con su infancia. No puedo decirle nada más porque solo son suposiciones. Pero sí puedo asegurarle que este rito —las múltiples cuchilladas, la extracción de las vísceras, alisando luego la sangre— debe haberle empleado mucho tiempo.

El cuerpo de Emily Hoffert estaba completamente vestido. En la lucha se rasgó algunas prendas, pero no había pruebas de que el asesino hubiera intentado desnudarla. A mi modo de ver, la demostración más palpable es que había matado a Janice Wylie antes de que Emily llegara al apartamento. Fue necesario matar a

Emily para sellarle los labios. Para entonces estaría ansioso de marcharse; no tuvo tiempo de realizar un segundo rito tan largo o ya no tenía ganas. Había satisfecho sus deseos con Janice. Su instinto sexual se había enfriado.

Por lo mismo, no efectuó el rito sobre Emily. Pero se entretuvo el tiempo suficiente para atar juntas a las dos muchachas. ¿Por qué? ¿Una nueva muestra de arrepentimiento hacia Janice? ¿Un retorcido intento de consolarla con la compañía de su amiga en la muerte?

No podía contestar a estas preguntas, pero cuanto más pensaba en ellas más seguro estaba de que Janice se encontraba sola en el apartamento cuando llegó el asesino. Consideremos la hora y el tiempo. El mediodía de una soleada y fresca mañana de verano. (Aquel día, la temperatura en Manhattan era de 24 grados.) Centenares de personas pasarían por las aceras tres pisos más abajo. Si las dos jóvenes hubieran estado en el apartamento cuando el asesino llegó, ¿cómo hubiera podido atacar a una y simultáneamente impedir que la otra se asomara a la ventana pidiendo socorro? Quizá hubiera podido hacerlo matando a Janice en silencio en una habitación mientras Emily estaba en otra. Era posible, pero muy improbable. Lo más seguro es que él y Janice estuvieran solos al principio.

¿Por qué? ¿Qué lo había llevado allí?

Empezaba a tener algunas ideas. A formarme una imagen del asesino.

Lo vi como un esquizofrénico paranoide. En algunos aspectos se parecía a «El Terrorista Loco» y a «El Asesino de Nochebuena», y en otros era diferente.

«El Asesino de Nochebuena» era esquizofrénico. La esquizofrenia se caracteriza por un retroceso de la realidad. El esquizofrénico puede retroceder a los primeros tiempos del desarrollo psicosexual, hacia la infancia, la época en que todos nos sentimos más seguros. Los problemas del mundo adulto son demasiado grandes para él, así que retrocede. Entra en un mundo creado por su fantasía. Esta regresión era grave en el caso de «El Asesino de Nochebuena»: cronológicamente era un adolescente, pero emocionalmente era mucho más joven, obsesionado por un apego infantil hacia su madre.

El asesino de Janice también vivía en algún mundo fantástico. Aparentemente no era capaz de aceptar a las mujeres como son, ni la vida tal como es. Sin embargo, aún no había retrocedido a la infancia como «El Asesino de Nochebuena». Sus fantasías comprendían mujeres jóvenes, no sustitutas-madres. Su modo de acercarse a las mujeres era extraño, pero por lo menos se sentía atraído por mujeres de una edad que normalmente interesa a la mayoría de los adultos.

George Metesky, «El Terrorista Loco», fue una víctima de la paranoia. Al contrario del esquizofrénico, el paranoico no retrocede ante la realidad. Se queda en ella; lucha cara a cara, siempre con el propósito de dominarla. Una vez aceptas sus erróneas aseveraciones como la esencia de sus problemas —»La gente intriga contra mí»— se comporta de un modo metódico y realista. Generalmente se expresa en términos reales buscando su venganza o tratando de dominar las intrigas imaginadas de un modo socialmente aceptable. Muy raras veces llega a cometer un crimen.

Evidentemente, el asesino de Janice y Emily, un hombre obsesionado por salvajes fantasías sexuales y sangrientas, no era un paranoico. Sin embargo, poseía algunas características de George Metesky, característica que la psiquiatría llama «paranoide». Sentía rencor, odio, en su caso hacia las mujeres o por cierto tipo de mujer. También como George, daba la impresión de ser un hombre precavido. Había borrado sus huellas con gran cuidado.

Según Kretschmer, los esquizofrénicos suelen ser a menudo delgados y débiles. Pero cuando un esquizofrénico tiene un rasgo fuertemente paranoide, puede tener la estructura bien proporcionada de un paranoico. En un caso de esquizofrenia paranoide, es difícil conjeturar qué clase de tipo tiene. Por corazonada, me inclinaba hacia un hombre de un físico bien proporcionado. Su manera esmerada de limpiar la casa hizo que lo viera limpio, pulcro, tal vez remilgado.

Debía saber algo de Janice o de Emily. De otra forma, ¿cómo sabía que una de las dos estaría en casa a las doce de un día laborable?

Si conociera a Emily sabría que no empezaba a trabajar hasta dentro de un par de semanas. En este caso habría ido al apartamento esperando ver a Emily y se encontró con Janice.

Si hubiera conocido a Janice —y las llamadas anónimas me hacían suponer que era lo más probable—, entonces debió estar con ella en la fiesta de *Newsweek* el martes por la noche. Le oyó decir que había pedido el día libre para ir a Washington pero que en el último momento canceló el viaje. Tal vez de ese modo supo que el miércoles se quedaba en casa. O bien —otra posibilidad— la había llamado a la oficina el miércoles por la mañana para entregarse a una conversación obscena. Alguien cogió el teléfono, y al no saber que era el atormentador anónimo de Janice, le había dicho casualmente que Janice aquel día se quedaba en casa.

Si conocía a Janice era probable que se moviera en su elegante círculo social del sector Este, o bien tenía relación con su trabajo de día en el mundo del periodismo, fotógrafos y relaciones públicas. Sería bien educado e iría correctamente vestido de un modo remilgado. Si formaba parte del grupo con el que Janice se reunía por la noche, sería más o menos de su edad; seguramente no tendría más de treinta y cinco años. Si pertenecía a la empresa en la que trabajaba por el día, podía ser más viejo, pero no sobrepasaría los cincuenta años, teniendo en cuenta el esfuerzo físico que requirió el crimen. A pesar de todo tenía la sensación de que era un joven.

Me desconcertaban muchas características del crimen. Una, que Janice estuviera desnuda y su ropa colgada cuidadosamente en el armario. ¿Quería decir que se sometió a él de buen grado? Al principio la policía había abrigado esa idea. Generalmente, Janice dormía desnuda. ¿Se había echado una bata por encima para abrir la puerta? ¿Le reconoció como un amante y entonces se quitó la bata y la colgó? Pudiera ser, pero esa teoría tropezaba con ciertos obstáculos. Si Janice dio a su visitante lo que él quería, ¿por qué la mató? ¿Una pelea de amantes? ¿Una rápida llamarada de cólera, de secretas emociones? Era muy raro que así fuera. La policía había investigado cuidadosamente cada uno de los amigos de Janice. Todos pudieron demostrar que aquel día estaban lejos del apartamento a esa hora. Además, a muchos les costaba imaginarse que Janice Wylie dejara entrar un amante en el apartamento a mediodía, especialmente sabiendo que su compañera de cuarto, Emily, iba a regresar de un momento a otro. Janice no tenía mala fama, y menos de poseer varios amantes; todo lo contrario. «Janice —dijo una vez un joven— tiene ideas anticuadas sobre el sexo. Te deja llegar hasta cierto límite, entonces ¡so! Quizá si estuviera muy enamorada de algún hombre, una noche de juerga y borrachera, se soltara el pelo. Pero ¿a la luz del día? ¿Janice? ¡Nunca!»

Otra particularidad que me preocupaba era la sangre. El asesino debía estar literalmente cubierto por ella. ¿Cómo pudo salir del apartamento sin ser visto? ¿Cómo pudo andar por las calles atestadas de gente en un día de sol con las ropas empapadas de sangre sin llamar la atención?

Después, aquel misterioso tarro de *cold cream* en el suelo de la habitación. ¿Qué significaba?

—Nos figuramos que la usó como lubricante —me dijo un agente.

—¿Por el asesino? ¿Para él o para un instrumento?

Las pruebas postmortem no eran convincentes.

¿Había cortes, áreas inflamadas en la mucosa vaginal, en la cerviz?

—No son convincentes.

—¿Y no se encontraron huellas de semen en alguna parte?

—Ninguna.

Fruncí el ceño.

—No encaja, ¿no les parece? Si Janice estaba viva y ese hombre pretendió atacarla, ¿se la imaginan que esperase dócilmente a que fuera al cuarto de baño o a un tocador para buscar el *cold cream*? ¿Acaso suponen que fuese tan considerado, preocupado por las molestias que pudiera infligir a la muchacha? Y si estaba muerta o inconsciente en el momento en que él quería realizar su ritual sobre ella, ¿para qué quería la crema? ¿Para lubricarse él? ¿Dónde está la prueba de que hubiera consumado el coito?

El agente se encogió de hombros.

—¡Que me registren!

Estuve largo rato meditando sobre aquel enigma. Ya me había formado un retrato del asesino. Ahora probé a imaginarme sus movimientos. Y vi...

...un joven impecablemente vestido a la última moda, llevando una cartera: el perfecto ciudadano sofisticado. Tiene un empleo muy bien remunerado en una firma de relaciones públicas quizá de Madison Avenue; la clase de trabajo creador, de gran responsabilidad, en el que se marca su propio horario: nadie se preocupa o advierte cuánto tiempo emplea para almorzar; o, realmente, se preocupan en donde está siempre. Se presume que ha salido a visitar a un cliente o a solicitar un relato a algún periodista o llevando a almorzar al director de un periódico.

Es mediodía. Está de pie en la acera de la calle Ochenta y Ocho del sector Este, vigilando la puerta del apartamento de Janice Wylie. Espera a que el portero deje su puesto. Como toda persona que vive en Manhattan desde hace años, sabe que los porteros de los apartamentos pequeños tienen por lo general otras ocupaciones. Si quieres entrar en un edificio sin que te aborde el portero no tienes más que esperar.

No es un día caluroso, pero el joven está sudando. Hace meses que espera ese momento. Primero vio a Janice Wylie en un *night-club* del sector Este. Ella estaba sentada a otra mesa. Su belleza rubia y vivaracha lo excitó. Unas semanas más tarde la volvió a ver cuando visitaba *Newsweek* para entregar un artículo de algún cliente. Supo cómo se llamaba. Ella no conoce su nombre, en realidad no se ha fijado en él. Pero en esos meses él ha pensado mucho en ella. En la guía telefónica buscó el nombre para averiguar dónde vivía. Por las noches, muchas veces la siguió a su casa en el metro de Lexington Avenue. Otras, la ha llamado a *Newsweek* desde las cabinas telefónicas de la ciudad, dondequiera se hallase cuando era presa del impulso. Disfrutaba asediándola con palabras sucias. El miedo y la rabia de la joven le satisfacían. Odiaba a las mujeres, en particular a las atractivas. No era justo que sedujeran y atraparan a los hombres.

Aquella mañana llamó a Janice a la oficina y le dijeron que la encontraría en casa. Ahora estaba de pie esperando.

El portero abandona finalmente su sitio (para atender un servicio de ascensores, como luego se supo). El joven cruza la calle y entra despacio en la casa. Va bien vestido y sabe que no despertará sospechas. Examina rápidamente los buzones en el vestíbulo, encuentra el nombre de Janice y el número del apartamento, se dirige al ascensor y sube al tercer piso.

Llama a la puerta del apartamento de Janice. Ésta pregunta: «¿Quién es?» Le da un nombre falso y una explicación plausible. Janice, envuelta en una bata, entreabre la puerta. Ve un joven de aspecto irreprochable con una cartera, de modales corteses y agradables. Él le pide que le deje entrar.

Tal vez Janice le ofrece una taza de café. Están en la cocina cuando empieza a usar un lenguaje obsceno. Tiene intención de conquistarla, primero con palabras, luego con el cuerpo. Janice se asusta. Él la agarra. Ella se escapa a la salita de estar. Él coge una botella de coca-cola y corre tras ella. Janice grita, pero los apartamentos vecinos están vacíos a aquella hora y el ruido del tráfico ahoga sus gritos. Él la persigue por la sala de estar. No ha ido con intención de hacerle daño, pero ahora está cegado por la rabia. Quizá le enfurece que se le escape. Al huir de sus manos ansiosas recuerda algo que hizo su madre. Quizá lo abandonó o lo envió a un internado; simbólicamente lo ha rechazado a causa de su padre, su rival. Tal vez...

Pero, con toda probabilidad, no se da clara cuenta de los motivos de su furor. Solo sabe que desea hacerle daño a Janice, castigarla por lo que le ha hecho. La joven se dirige a la puerta; él le cierra el paso. Corre al dormitorio, probablemente con intención de asomarse a la ventana y pedir auxilio a los que pasan por la calle. Él corre tras ella y le golpea la cabeza con la botella. Ella se tambalea contra el tocador, derriba al suelo el tarro de *cold cream* y se desploma inconsciente.

Él se la queda mirando un segundo, luego se agacha y rápidamente le quita la bata. Es un hombre muy cuidadoso. Durante toda su vida está acostumbrado a colgar la ropa en su armario en lugar de arrojarla de cualquier manera sobre una silla o al suelo. Sin pensarlo, cuelga la bata en el armario. Contempla el cuerpo desnudo en el suelo. Ahora quiere penetrar en su carne de un modo que le duela. Recuerda que ha visto unos cuchillos en la cocina. Va allí, escoge tres cuchillos afilados y vuelve donde está Janice y la acuchilla salvajemente.

La sangre le salpica las manos y de pronto se da cuenta de que va a correr mucha sangre. Incluso en su furor, conserva su prudencia habitual. ¿Cómo saldrá del apartamento si hay sangre en su ropa? No quiere que la gente lo vea salir. Además, siempre ha sido muy cuidadoso con sus camisas y trajes. Se levanta, va al cuarto de baño y se lava las manos. Se quita los zapatos, los pantalones, la chaqueta, la camisa. Deja los zapatos en el suelo uno junto al otro; dobla cuidadosamente la ropa y la pone en una silla. Entonces, se deja llevar de nuevo por el arrebato. Toma un cuchillo y destripa a Janice. Es posible que mientras la corta y desgarra con el cuchillo recite una especie de conjuro infantil: «Te amo, te odio...» Con el dorso de la mano marca unas rayas sinuosas en los muslos de Janice. «Te amo, te odio...»

De pronto, el ruido de una puerta al abrirse le devuelve bruscamente a la realidad. Agarra un cuchillo y se esconde. Ve entrar a Emily, observa la preocupación que aparece en su rostro al ver el desorden de la habitación. Él la arrastra al dormitorio. Ella está viva y lucha, pero incapaz de hablar ni gritar. Entonces él la apuñala una y otra vez hasta que queda inmóvil. Luego, rompe unas tiras de las sábanas y ata juntas a las dos jóvenes, quizá porque comparten el estigma de ser mujeres. Tal vez se detenga otro momento para recitar el conjuro: «Os quiero, os odio...»

Va al cuarto de baño, se lava las manos y la cara. Emplea una toalla para frotar todas las superficies sólidas que recuerda haber tocado, incluyendo el mango de los cuchillos y el cuello de la botella de coca-cola. No quiere dejar ninguna huella. Se pone la ropa, se ajusta la corbata ante el espejo con el esmero de costumbre. Recoge la cartera. Inspecciona el apartamento por última vez para asegurarse de que no ha dejado rastros que lo incriminen. Finalmente, coge un trozo de papel higiénico y se envuelve la mano como si fuera un guante y abre la puerta de servicio. Baja por la escalera de incendios y sale tranquilamente de la casa.

En la acera hay gente disfrutando del soleado tiempo. Nadie se fija en él.

La policía empleó la idea que le sugerí para hacer una indagación exhaustiva entre los amigos, conocidos y compañeros de oficina de Janice y Emily. Al mismo tiempo, siguieron otras pistas, otras teorías. Interrogaron a centenares de ladrones de apartamentos. En potencia, cada huella encontrada en el apartamento les llevó a su dueño, y él o ella fueron interrogados por una pareja de detectives. Otra pareja pasaba las noches rondando por los *night-clubs* y bares del área. Fue una de las persecuciones más grandes en la historia de Nueva York.

Pasaban los meses sin lograr nada. De vez en cuando, aparecía un atisbo de esperanza que se esfumaba en seguida. En la Jefatura de Policía y en la oficina del fiscal del distrito cundía el azoramiento y el desconcierto. Los periodistas hallaban cada vez más difícil conseguir informes sobre el curso del caso. Cuando finalizó 1963 sin que hubiera nuevas perspectivas de pistas concretas, cesaron casi por completo de suministrar noticias. A los periodistas que solicitaban informes se les decía la frase de ritual: «Por el momento esta oficina no hace comentarios sobre el caso.»

El invierno se prolongaba fastidiosamente. Llegó la primavera. Luego, a fines de abril de 1964, llegó la noticia electrizante: el asesino había sido capturado. ¡Había confesado!

Me lo dijo por teléfono mi amigo el agente pocas horas antes de que la noticia se propagase por la televisión y la prensa.

—¿Ha *confesado*? —pregunté.

Mi presunto paranoide nunca lo habría hecho. George Metesky, paranoico total, había finalmente confesado casi ansiosamente. Se imaginaba un dios y durante años se había sentido cada vez más defraudado por la necesidad de ocultarse. Quería dominar el mundo, que supieran quién era. Pero el paranoide que mató a Janice Wylie y Emily Hoffert no era, en ese sentido, como George. Estaba seguro de que ese hombre no se consideraba un dios vengador. Ese hombre tenía un problema más claramente sexual que el de George. Al revés de George, no buscaba vengarse de todo el mundo real, solo de las mujeres como las concebía en su fantasía, quizá solo un tipo de mujer. A lo mejor en secreto deseaba que alguna mujer conociera su venganza, pero no que lo supiera todo el mundo. A mí me pareció punto menos que imposible que ese hombre que confesó fuera el verdadero culpable.

—Descríbame al hombre —le pregunté al agente.

Accedió. George Whitmore era un negro de diecinueve años, pueril y posiblemente retardado mental, casi analfabeto, mal vestido, descuidado de su persona.

Simplemente, no encajaba.

Estaba perfectamente dispuesto a creer que Whitmore había confesado. Las falsas confesiones son bastante corrientes, especialmente si se refieren a extraños crímenes sexuales. A menudo, el hombre que ha confesado en falso un crimen semejante desea inconscientemente haber tenido el suficiente valor para cometerlo. Suele ser un tipo más o menos incapaz, con una potencia sexual débil y carente. Consigue que el mundo, y en particular las mujeres, lo vean bajo un nuevo aspecto. Ya no es un fracasado sexual. En ese gesto masoquista —al confesar en falso— consigue al fin la virilidad.

Si Whitmore en realidad confesó, y en qué circunstancias, es una cuestión aún por resolver. A las pocas semanas de su arresto anunció estentóreamente que era víctima de una injusticia. Negó que hubiera confesado. Luego, cambió y admitió que había confesado, pero pretendió que la policía le había arrancado la confesión. Llegó a ser una *cause célebre*. La Asociación Nacional para el Progreso de la Gente de Color, la Unión de Libertades Civiles Americanas y otros varios grupos salieron en su defensa, armando un gran estrépito, describiéndolo como un mártir del prejuicio racial, de la brutalidad de la policía y de la ansiedad de ésta por cerrar el engorroso caso de los crímenes Wylie-Hoffert.

Tanto si había confesado o no, como si la policía lo había maltratado, yo estaba convencido de que ese hombre no mató a Janice Wylie y a Emily Hoffert. Expliqué mi opinión a la policía, a Max Wylie y a otros. Muchos compartieron mis dudas, incluso numerosos detectives de la policía. Finalmente, en enero de 1965, la policía abandonó el caso Whitmore.

En parte, porque Whitmore pudo probar que tenía una coartada. Se las compuso para demostrar que el día de autos había estado en Nueva Jersey. La policía no estaba muy convencida y en otras circunstancias hubiera intentado buscar un orificio a su coartada, pero lo que realmente les hizo olvidarse de Whitmore fue la aparición de un nuevo personaje mucho más sospechoso.

La historia de este segundo sospechoso había empezado a desarrollarse en secreto cuatro meses antes, en el otoño de 1965. Un extraño matrimonio de unos treinta años, Nathan y Marjorie Delaney, se presentaron en la comisaría de la calle 104 del sector Este y contaron un interesante relato. Los dos eran drogadictos, y Nathan esperaba por aquella fecha la vista de una causa por narcóticos. Explicó a la policía que no deseaba aumentar sus preocupaciones escondiendo un posible asesino, y tal vez con la esperanza de que al colaborar con la policía recibiera un trato más benigno. (Como en efecto sucedió después: le suspendieron la sentencia.) Como sea; dijo que él y su esposa habían estado preocupados por el caso Wylie desde que sucedió hacía cosa de un año. Tenían un amigo, Richard Robles, de veintidós años, cuyo comportamiento durante aquel año les había chocado y que cada vez era más extraño. Robles era adicto a la heroína. Necesitaba por lo menos quince dólares diarios para mantener el hábito, y que era conocido por la policía como desvalijador de apartamentos. Los Delaney creían que el día que se cometieron los asesinatos Wylie-Hoffert, él había cometido un escalo. Al principio, pensaron que se trataba de otro robo con escalo. Pero a partir de entonces, en varias ocasiones, cuando vagaba adormilado por la calle Ochenta y Ocho del sector Este, después de una dosis de heroína, había hablado de muchachas, cuchillos y sangre. A medida que transcurrían los meses, los Delaney acumularon algunas pruebas hasta que finalmente se convencieron de que Richard Robles era el criminal que buscaban hacía tanto tiempo.

La policía se interesó en el caso. Escondieron en casa de los Delaney, dentro de los cojines, unos aparatos que registraran los ruidos, y pidieron al matrimonio que hiciera hablar a Robles del crimen. Dichas conversaciones quedaban registradas. Robles habló del modo vago, soñoliento e incoherente que produce una fuerte dosis de droga, pero la policía encontró sus palabras lo suficientemente convincentes para considerarlo más sospechoso todavía que George Whitmore.

El jueves 26 de enero de 1965, poco antes de medianoche, Richard Robles fue detenido y encerrado en el calabozo de la comisaría de la calle 104 del sector Este. Era un joven pálido, delgado, con el cabello oscuro cortado casi al rape, las manos temblorosas y el aspecto de un niño asustado.

A la mañana siguiente, los periódicos publicaron su arresto. Una vez más, el asesino había sido capturado.

Y una vez más, yo no estaba satisfecho.

Al principio, me sentí un poco molesto al enterarme por la prensa del arresto de Robles. ¿Por qué no me lo comunicó la policía? Después de consultarme el caso y tenerme al corriente en todo momento, ¿por qué mi amigo, el agente, dejó de informarme de repente? ¿Por qué no me habló de Robles como lo hizo de Whitmore? ¿Acaso esperaba mi desacuerdo?

Tal vez fue eso, pues debió suponer cuál sería mi opinión.

No encontraba en Richard Robles más probabilidades de haber cometido aquel crimen que en George Whitmore. Por una cosa: su historial. No tenía antecedentes de perversión sexual, intentos de violación o ultrajes sexuales. Cuando estaba con mujeres daba la impresión de ser un hombre más bien tímido. Su impulso sexual parecía débil. No era el tipo de hombre que uno se imagina matando a puñaladas á dos muchachas. Al contrario, era la clase de hombre que confesaría en falso un crimen semejante.

Lo que aún me desconcertaba más era que tomaba heroína. Esta droga produce un estado de pesadez y somnolencia. En definitiva, no es un afrodisíaco. Al contrario, produce los efectos opuestos; rebaja los impulsos sexuales hasta el punto de que el adicto deja de interesarse por el sexo. Un adicto a la heroína cometerá robos y escalos, pero nunca un crimen sexual. No es solo una opinión mía; es *un hecho establecido y mantenido por miles de casos clínicos y policíacos. Ningún médico que haya tratado con adictos a la heroína aceptará la idea de que aquel hombre hubiera cometido los asesinatos de Wylie-Hoffert.

Pero aquel hombre podría fácilmente cimentar imponentes fantasías. En su estado extraordinariamente propicio a la sugestión, envuelto en quimeras, puede imaginarse, como nadie en el mundo, que es un rey, un astro del cine, un asesino. Sus amigos pueden inducirle a tales fantasías con preguntas capciosas y sutiles sugerencias. Instigado por sus amigos hablará de sus fantasías como si éstas fueran reales; de asesinatos o de cualquier otro suceso imaginario como si hubiera estado en el lugar, como si, en efecto, hubiera participado.

Cualquier médico que haya tratado a un adicto a la heroína u observado un adicto después de una inyección, conoce todos estos hechos. En aquellas semanas que precedieron a la publicación del arresto de Richard Robles, sospeché cada vez más que la policía había aceptado como el evangelio las jactancias del típico adicto a la heroína.

Un competente abogado llamado Jack S. Hoffinger fue nombrado por el tribunal como abogado defensor de Richard Robles. Un día, incapaz de guardar por más tiempo mi inquietud, telefoneé a Hoffinger para discutir el caso. Descubrí que a él también le preocupaban los mismos problemas.

—Lo que la policía recaba de la historia de Robles no tiene sentido para mí —dijo—. No es lógico.

Normalmente es muy fácil descubrir si un hombre ha hecho una confesión falsa. Le preguntas detalles que solo el verdadero criminal puede aportar. Le haces caer en el lazo con artimañas. Le preguntas: «¿Dónde puso la taza de café?» No sabe que en la escena del crimen no había ninguna taza de café, así que se inventa una respuesta. Le desafías. Retrocede. Finalmente, lo tienes atrapado en una red tan confusa de embustes que todo su relato se derrumba.

Le pregunté a Jack Hoffinger:

—¿Cuál es la historia que la policía atribuye a Robles cuando él hizo la confesión? ¿Qué dicen que les contó?

La historia que el abogado me contó ni él ni yo la creímos.

Robles no había visto antes ni a Janice Wylie ni a Emily Hoffert. Dijo que fue el apartamento simplemente para robar. No explica cómo pasó ante el portero. Tampoco explicó por qué había escogido en particular aquel apartamento de las muchachas. La cerradura era la misma que la mayoría de los apartamentos de la casa. Muchas se podían abrir fácilmente con una tirita de celuloide de un cuello de camisa o con un trozo de alambre. Sin embargo, él escogió aquel apartamento. Al preguntarle por qué, contestó que no lo sabía.

De acuerdo, aunque apenas se puede aceptar. Hizo una elección al azar y dio con la puerta de Janice Wylie. En eso también me doy por vencido, a regañadientes.

Abrió la puerta y entró. Entonces vio a Janice. Es evidente que al principio se quedó sorprendida, pero luego, según su relato, se tranquilizó y se portó muy amable. Al parecer, su presencia le resultó agradable, aunque no lo esperase. Hablaron un rato. Luego, sin más preámbulos, Janice se le ofreció.

Durante una hora poco más o menos, según dijo la policía que Robles le había contado, él y Janice se entretuvieron en varias actividades sexuales. Finalmente, dominado por un súbito e incontrolable impulso sádico, Robles atacó a Janice con un cuchillo y la mató.

Esa era la historia que Robles le contó a la policía. Un relato asombroso. Más tarde, los periodistas se las arreglaron para descubrir algunas peculiaridades y con éstas componían suculentos titulares.

Sin embargo, fue pura ficción. No sucedió jamás.

Por una razón. Janice, tal como la describieron a la policía todos sus amigos, no era la clase de chica que se comporta de ese modo. No solo porque era mediodía; porque esperaba a su compañera de habitación que iba a volver de un momento a otro; porque se trataba de un desconocido que se había colado al azar en su apartamento, sino también porque todo el relato era totalmente ajeno al modo de ser de Janice Wylie.

Además, el relato era totalmente incompatible con la naturaleza de Richard Robles, adicto a la heroína. Como he indicado antes, la heroína produce un fuerte efecto depresivo en el impulso sexual. Difícilmente podría imaginarse a un hombre como Robles envuelto en una aventura amorosa tan prolongada, tan erótica, tan apasionada como la que había descrito. Difícilmente aceptaría que sintiera el impulso de hacerlo, y no hablemos de su capacidad física.

En cambio, podía imaginármelo forjando tal historia, jactándose de ella, adornándola con toda clase de detalles y dándole una importancia inusitada. Ese era su modo de compensar la incapacidad que sentía en él; un modo de presentarse al mundo más hombre de lo que era en realidad. Era la psicología del estudiante del sábado por la noche; farolea ante sus compañeros que ha tenido una interesante aventura sexual con una muchacha, cuando, en realidad, estaba tan asustado que se limitó a cogerle la mano.

La pretensión de que hizo gala Richard Robles ante la policía diciendo que había gustado una orgía sexual con Janice era —para decirlo sin rodeos— una mentira. Era un cuento, una obra imaginaria sacada de sus sueños, deseos y frustraciones.

Durante un rato me pregunté por qué había adornado tanto el relato. Habría conseguido blasonar de hombría diciendo simplemente que había matado a dos muchachas, o, si quería jactarse aún más, añadir que Janice se le había rendido de antemano. Esta explicación hubiera sido un alarde más que suficiente. ¿Por qué, pues, se había extendido en detalles tan prolijos describiendo tantas perversiones?

Se me ocurrió una respuesta. Posiblemente, mientras le interrogaban, la policía le preguntó qué significaba el tarro de *cold cream* en medio de aquella carnicería. Aquel lubricante podía necesitarlo en un acto sexual como un coito anal. Robles había echado mano al coito anal como una explicación del tarro de *cold cream,* y luego procuró que pareciera más plausible poniéndolo como fondo de una larga orgía erótica.

No pude tragarme aquella historia. Escuchaba con asombro creciente las increíbles fantasías que, al parecer, había contado a la policía. Dijo que después de matar a Janice, Emily regresó al apartamento. La mató para reducirla al silencio. Llevaba una camisa sport y *slacks.* Si la hubiera conservado puesta estaría salpicada de sangre, empapada. Según su relato, salió a la calle al mediodía de una mañana de sol, se detuvo en una esquina, paró un taxi y se fue al apartamento de los Delaney.

Cuanto más meditaba sobre aquel relato más me parecía una alocada fantasía debida a la heroína, suponiendo, desde luego, que fuera una fantasía de Robles.

El juicio de Richard Robles se llevó a efecto en octubre de 1965. La mayor parte de las preguntas del asunto que me tenía tan preocupado las sacó a relucir en el juicio Jack Hoffinger. La acusación alegaba que todas las inconsistencias aparentes en el relato de Robles eran sencillamente el resultado del desvarío bajo los efectos de la heroína y que no podía recordar con claridad lo que había hecho.

Hoffinger lanzó un reto a la legitimidad de las confesiones de Robles a la policía. Parte del caso estaba basado en la cinta magnetofónica oculta mientras Robles hablaba en el apartamento de los Delaney. Hoffinger creía que si él y Robles escucharan esas cintas, podrían surgir nuevas pruebas en favor de Robles. El juez, Irwin D. Davidson, se negó a proporcionar a Hoffinger una copia de las cintas.

—¡Están usando a Richard Robles para sustituir a George Whitmore! —gritó Hoffinger con vehemencia cuando el juicio tocaba a su fin. Dijo que cuando el caso de Whitmore fracasó, era necesario presentar un nuevo sospechoso... «y quizá salvar el honor de la policía... La policía tenía que presentar a *alguien*».

Pero el jurado parecía ansioso por castigar el horripilante crimen, cuyas espantosas características la acusación había descrito con detalles espeluznantes. El jurado decidió que Richard Robles debía sufrir el castigo. El 2 de diciembre fue declarado culpable de asesinato en primer grado. Fue condenado a cadena perpetua.

El caso estaba oficialmente cerrado.

En mi mente estaba aún abierto.

Varios periódicos de Nueva York publicaron, poco después del crimen, la descripción que hice del asesino de Wylie-Hoffert. Una tarde, estaba sentado en el despacho del director de un periódico, hablando sobre ciertos trabajos de psiquiatría en el periódico, cuando el director sacó a relucir el caso Wylie.

—La policía le consultó a usted, ¿no es cierto? —me preguntó.

—Sí.

—Sin carácter oficial, ¿hay algo que le parezca equívoco?

—En efecto.

Y le conté todo lo que me había preocupado.

El director asintió con la cabeza.

—Nosotros también nos lo hemos preguntado. —Buscó entre un montón de papeles que había en la mesa y extrajo un recorte—. Aquí describe usted la imagen del asesino. Dijo que era un joven de buena presencia, limpio, aseado. Se movía en el medio social de las jóvenes o en el mundo profesional, o en ambos, pero necesariamente ellas lo conocían. ¿No es eso?

—Exactamente.

—¿Sabía usted que en una ocasión hubo un hombre, entre los posibles sospechosos, como el que usted describió?

—Nadie me lo dijo.

El director miró el recorte frunciendo el ceño.

—Ese hombre era un joven colaborador de una revista, de buena presencia, de constitución robusta, célebre por su elegancia en el vestir. Se hallaron sus huellas en el buzón de las jóvenes. Eran unas huellas buenas y recientes, al parecer más recientes que las otras. Daba la impresión de que había visitado hacía poco el apartamento. Cuando la policía le interrogó dijo que sí, que había ido al apartamento a visitar a Janice. Parece plausible excepto en una cosa.

—¿Cuál?

—Ni la policía ni nuestros informadores pudieron asegurar que era amigo de Janice. Con toda seguridad no estaba entre el grupo de jóvenes que solían visitarlas. Pat Tolles nunca lo conoció.

—En otras palabras, ¿no pudo demostrar que había estado en el piso por un motivo legítimo?

—En efecto. Sin embargo... —El director se encogió de hombros—. Las tres jóvenes no conocían la vida privada de cada una. Es posible que este chico hubiera sido amigo de Janice, aunque nunca lo dijo. No es probable, pero sí posible, a pesar de que solo es una suposición. Pero hay otra cosa. El joven tuvo un problema mental o emocional años atrás, cuando estaba en la universidad, y tuvo que dejarla un año. Sus amigos alegaron que era una depresión nerviosa.

—Eso solo no prueba nada, desde luego.

—No, pero se ajustaría a la descripción de un joven perturbado mental, ¿no le parece?

—Podría ser.

—Y hay algo más. ¿Sabe usted lo que hizo después de que la policía lo interrogó?

—¿Qué hizo?

—Se marchó a Europa.

Me quedé intrigado. Una huella reciente en el buzón... Se ajustaba claramente a la reconstrucción del crimen que yo había imaginado. Cuando se dirigió al apartamento, el intruso no tenía intención de cometer un crimen. No tenía ningún plan preconcebido y no se preocupó de las huellas. Se apoyó en el buzón para buscar el número del apartamento de Janice...

—Le guardo una sorpresa —dijo el director interrumpiendo mis reflexiones—. Tenía intención de hacerlo en alguna ocasión, y cuando supe que venía hoy decidí que era el momento adecuado. Voy a entrevistar a ese joven por teléfono.

Me lo quedé mirando y sonrió.

—Sí, voy a ver lo que dice. He dispuesto con uno de nuestros enviados que con algún pretexto lo tenga en estos momentos cerca de un teléfono. La telefonista debe de estar llamando ahora.

Al cabo de un rato sonó el teléfono. El director lo cogió, escuchó y me hizo un gesto con la cabeza. El misterioso joven estaba al otro lado del hilo.

Fue una conversación muy corta. El director me presentó, empezó a preguntarle y finalmente colgó. Parecía malhumorado.

—¿No era el hombre? —pregunté.

El director se encogió de hombros.

—Me dijo fríamente que había explicado a la policía todo lo que tenía que decir y que no quería volver a discutir de nuevo el asunto. Eso es todo. Luego, le pregunté cuándo pensaba regresar.

—¿Qué le contestó?

—Nunca.

Richard Robles y su abogado, Jack Hoffinger, han pasado mucho tiempo desde entonces preparando una apelación de la declaración de asesinato, y esta apelación se encuentra ahora en el Departamento de Apelación del Tribunal Supremo de Nueva York, esperando una decisión. En febrero de 1968 el Tribunal revocó una de las principales disposiciones en el juicio de 1965. Era la disposición que negaba a Robles la oportunidad de escuchar la cinta preparada en el apartamento de los Delaney, la cual, por extraño que parezca, no había sido presentada por la acusación como prueba durante el juicio. Hoffinger pretendía que esas grabaciones podían presentar un indicio de la espontaneidad de la supuesta confesión oral que, según pretendían, Robles había hecho a la policía, confesión que fue admitida como prueba en el juicio y aceptada por el Tribunal de Apelación.

Si apoyan la apelación y se ordena un nuevo juicio, probablemente será uno muy curioso y muy ruidoso. Espero que por fin se conozca la verdad. Tengo la intención de hacer todo lo posible para que se lleve a cabo, y si me llaman, atestaré de buena gana por la defensa.

Las dudas que tengo sobre el caso no se han desvanecido con el tiempo ni se desvanecerán nunca. Richard Robles no asesinó a nadie.

5.

«EL ESTRANGULADOS DE BOSTON»

La persecución

La cortés voz inglesa dijo:

–¿Es usted el doctor Brussel?

–Sí.

–Una llamada de ultramar. Haga el favor de seguirme.

Era el 9 de febrero de 1964. Mi esposa y yo estábamos desayunando en un hotel de Malindi, una playa de veraneo, en un lugar pequeño y aislado a varias millas al norte de Mombasa, Kenya, en el Océano Indico. Había estado muy ocupado estos últimos seis meses desde los crímenes de Wylie y escogimos a propósito este lugar alejado. Queríamos gozar de un descanso completo: una huida total de las desazones y exigencias de la civilización. Muy pocas personas sabían dónde estábamos, por eso mismo la llamada nos sobresaltó y asustó a la vez. Me levanté de un brinco y corrí al teléfono pensando: «Un accidente... una de las pequeñas...»

Era un teléfono de pared, antiguo, tipo manivela, cerca de la mesa del conserje: el único teléfono del hotel. Lo cogí y me di a conocer.

–Tengo un cable para usted –dijo una voz gruesa y estática–, voy a leerle el mensaje: «Agradecería se una a nuestra comisión nombrada para ocuparse serie estrangulaciones en y alrededores Boston. Stop. Agradeceré me comunique si puede estar con nosotros mes próximo en Boston». Está firmado John S. Bottomly, ayudante del fiscal general de Massachusetts. Respuesta pagada, señor. ¿Qué contesta?

Mi primera sensación fue de alivio. Luego me sentí enfadado por la interrupción de mi tranquilo desayuno. Finalmente, empecé a sentir curiosidad. Así que le dije:

–Conteste solamente: «Tomo el próximo metro que sale de África» –y regresé al comedor sumido en mis pensamientos.

La policía de Nueva York no me había vuelto a consultar ningún otro caso desde los asesinatos Wylie y sospeché que durante años no volvería a consultarme, quizá nunca más. Nuestra antigua amistad se había roto en los bajíos de aquel extraño caso con su resultado tan poco satisfactorio. Esto me entristecía, pues me agradaba trabajar con la policía de Nueva York. Como muchos hombres, respondo a la emoción de la caza, y francamente, echaba de menos aquella emoción. Así, cuando me hube recobrado de mi primer shock y de la rabia que me produjo el cablegrama, empecé a desear con ansiedad la reunión de Boston.

Aquella reunión se llevó a cabo el 10 de abril de 1964, en una casa grande y vieja de un distrito elegante. Ahora pertenece a la Universidad de Boston. Me hicieron pasar a una habitación del tercer piso. Era una estancia grande y bien iluminada, sin más muebles que una gran mesa de conferencias y los sillones.

Se hallaban presentes una docena de hombres. La figura principal era John S. Bottomly, ayudante del fiscal general de Massachusetts, a quien habían asignado la investigación del estrangulados Era un abogado simpático, alto, de unos cuarenta años. No era criminalista, pero sí un hombre notable por su habilidad administrativa, una habilidad para mezclar numerosos grupos de personas en un equipo y hacerle trabajar para un fin común. La idea de Bottomly era reunir en este encuentro un grupo particular de hombres.

La investigación de las estrangulaciones de Boston había estado en marcha desde hacía casi dos años. Cuerpos de la policía esparcidos dentro y fuera de la ciudad perseguían al criminal o criminales desde mediados de 1962, y Bottomly había sido nombrado coordinador y organizador de la investigación en enero de 1964. Los métodos corrientes de la policía habían fallado, sin encontrar una sola pista que valiera la pena, y Bottomly decidió probar lo que él llamaba «métodos insólitos» (exactamente la misma frase que empleó el comisario de policía de Nueva York, Kennedy, años atrás, al hablar de «El Terrorista Loco»). Esta reunión era uno de los «métodos insólitos». Una reunión compuesta principalmente por médicos y psiquiatras. El nombre oficial de nuestro grupo era Comité Médico-Psiquiátrico.

El coordinador del comité era el doctor Donalid O. Kenefick, del Instituto de Investigaciones de Medicina Legal de la Universidad de Boston, un hombre con gafas, pulcramente afeitado, que parecía y actuaba como un catedrático. Entre los otros miembros del comité se encontraban el doctor Michale A. Luongo, médico forense del Suffolk County (Massachusetts); el doctor Arthur J. McBay, psicólogo del Departamento de Higiene Mental, y los psiquiatras doctor Leo Alexander y el doctor Max Rinkel. También se hallaban presentes en la reunión de aquella mañana de abril un antropólogo, un sociólogo y varios agentes de la policía estatal y de la ciudad.

John Bottomly me saludó cordialmente cuando entré en la habitación. Sus ojos, detrás de las gafas de gruesa montura, parecían alegres no obstante su preocupación.

—Espero, doctor Brussel, que nos obsequie con las estratagemas que empleó para el caso de «El Terrorista Loco» —dijo con una sonrisa.

—Haré lo que pueda —repliqué, y le devolví la sonrisa.

La atmósfera de la habitación era tensa. Evidentemente, aunque nunca se dijo con tantas palabras, los agentes de la policía presentes consideraban el Comité Médico-Psiquiátrico una organización inútil, y la reunión, una pérdida de tiempo.

Me sentía incómodo bajo las miradas a veces hostiles, a veces divertidas de los agentes de la policía, y comprendía que otros psiquiatras sentados a la mesa sentían lo mismo que yo. Nos habíamos metido en sus asuntos. ¿Cómo podríamos triunfar donde había fracasado la policía?

Bottomly abrió la sesión. Casi todos nosotros habíamos leído en los periódicos los relatos de los crímenes que debíamos estudiar, pero, por razones de buen gusto y corrección, y puesto que la policía deseaba, por el momento, conservar secretos algunos aspectos de los crímenes, la historia completa desde el punto de vista psiquiátrico nunca se había contado al público. Bottomly nos la contó ahora. Era más que un relato. Era una pesadilla.

El 14 de junio de 1962, la señora Anna Slesers, de cincuenta y cinco años, fue hallada muerta en su limpio apartamento de un tercer piso de Back Bay, un viejo barrio de Boston. Le habían golpeado la cabeza con un objeto romo y luego la estrangularon con el cordón de su bata. El cordón había sido anudado fuertemente y luego arreglado con evidente cuidado para que pareciese un lazo de niña. La señora Slesers yacía sobre la espalda en el cuarto de estar de su apartamento, cerca del diminuto cuarto de baño. La bañera a medio llenar indicaba que al parecer estaba a punto de bañarse. Llevaba solo la bata. Estaba abierta de par en par; o, mejor dicho, cuidadosamente doblada junto al cuerpo de la víctima. Tenía las piernas separadas y colocadas como las de una rana, de modo que la vagina quedaba expuesta de una forma grotesca. Presentaba magulladuras y otras pruebas de haber sido manipulada sexualmente con algún objeto duro y romo, como una botella de soda. No se encontró semen en la vagina. Lo más curioso es que su cara presentaba una expresión serena.

El pequeño apartamento había sido aparentemente saqueado, pero de un modo particularmente cuidadoso. Habían sacado los cajones y parte de su contenido colocado esmeradamente en pequeños montones por todo el apartamento. Era evidente que el intruso había buscado algo, pero nadie lo supo. No había tocado las pocas joyas que tenía la señora Slesers, por lo que parecía poco improbable que el intruso fuera un vulgar ladrón. Más tarde, los parientes y amigos registraron el apartamento y no echaron a faltar nada.

La señora Slesers era una mujer que, tal como la describió John Bottomly, me recordó mucho a la señora Mary Nerich, la víctima de «El Asesino de Nochebuena» de 1957. Era divorciada y llevaba una vida tranquila y oscura. Durante la semana trabajaba de modista; por la noche y los fines de semana su vida giraba en torno a la iglesia. No había nada en su modo de vivir que indicase la razón de aquella muerte. Tenía un rostro agradable y una silueta esbelta, pero era una mujer de mediana edad sin la clase de atractivo sexual que despierta las pasiones en los hombres. La policía estaba desconcertada.

Dos semanas después, la señora Nina Nichols, viuda, de sesenta y ocho años, jubilada de un hospital en donde trabajaba de fisioterapista, fue hallada muerta en su oscuro y pequeño apartamento en un cuarto piso de la Commonwealth Avenue. Había sido estrangulada con las medias y manipulada con un instrumento como un palo. Había semen en los muslos y por alrededor, pero no en la vagina. El apartamento se encontraba revuelto, más que él de Anna Slesers, y habían registrado de un modo menos cuidadoso, pero igualmente, como pudieron determinar, el intruso no se había llevado nada.

Dos días después se encontró el cuerpo de la señora Helen Blake, de sesenta y cinco años, enfermera jubilada, en su apartamento de Lynn, una ciudad industrial en los suburbios norte de Boston. Las pruebas indicaban que había muerto el mismo día que Nina Nichols. Había sido estrangulada con una media y alrededor del cuello le habían atado un sostén dándole la forma de un lazo. Estaba acostada en la cama con las piernas separadas y se hallaron huellas de semen desde el mulo hasta las rodillas. En su cara había una expresión de paz. También habían registrado el apartamento, pero sin llevarse nada.

A la policía le pareció lo más verosímil que los tres crímenes fueran obra del mismo hombre, un hombre atraído por mujeres de mediana edad y aún más viejas, experimentando un macabro placer estrangulándolas y atándoles lazos alrededor del cuello. La policía creía que buscaba algún objeto en los apartamentos. Al poco tiempo, dos ancianas se añadieron a la lista de las estranguladas. Una era mistress Ida Irga, de setenta y cinco años, y a quien el estrangulador le había dejado la funda de la almohada atada con gran esmero en torno al cuello. La quinta era Jane Sullivan, enfermera de más de sesenta años, estrangulada con una media. Las dos mujeres, así como las tres anteriores, fueron encontradas en la misma grotesca posición. Los apartamentos habían sido registrados sin que se echara a faltar nada de valor.

Las cinco mujeres fueron asesinadas en el espacio de dos meses, de mediados de junio a mediados de agosto de 1962. Luego, cesaron los asesinatos. La policía de Boston y de los pueblos de los alrededores pensó que el asesino había abandonado su macabra ocupación, sin embargo no cesó la vigilancia; una persecución masiva se hallaba en marcha. Centenares de sospechosos fueron acorralados e interrogados. La policía rastreaba por los bajos mundos de la ciudad y sacaba a la superficie toda clase de pesca. Pequeños delincuentes; hombres con un largo historial de violaciones; ladrones, estafadores, rateros; aberraciones sexuales de toda clase, hombres que acosaban a las mujeres en lugares públicos, otros con un gusto especial por las viejas. Como observó un policía: «En esta investigación he conocido aberraciones sexuales que no creí que existiesen.» A un hombre le gustaba perseguir a las mujeres en los ascensores de las casas de apartamentos para pellizcarles las orejas. En otro, su diversión favorita era arrastrarse bajo los asientos de los cines y besar las piernas de las mujeres. Se descubrió que algunos de los que fueron llevados a la comisaría para interrogarles, habían cometidos varios delitos y fechorías. Sin embargo, ninguno había cometido las cinco estrangulaciones. La mayoría fueron puestos en libertad por falta de pruebas.

Cada cuerpo de policía tenía su propia teoría sobre las estrangulaciones. Uno creía que el estrangulador estaba relacionado de algún modo con los hospitales: podía ser un médico, un practicante o un chófer de ambulancia. Basaban esta idea en que cuatro de las mujeres asesinadas habían estado estrechamente relacionadas con los hospitales. Nina Nichols había sido fisioterapista; Helen Blake y Jane Sullivan, enfermeras; Ida Irga había visitado con regularidad un hospital para tratarse una enfermedad.

Otra de las teorías tenía que ver con la música. Casi todas las mujeres asesinadas eran aficionadas a la música: asistían a los conciertos o tenían aparatos hi-fi y una discoteca. Quizás el asesino las había visto en alguna reunión musical, en un concierto o en una tienda de música. Por lo mismo, tal vez él era un musicólogo.

Los periódicos publicaron esas teorías y muchas más. El *Advertiser* de Boston recordó la apelación pública a «El Terrorista Loco» que salió cinco años atrás en el

Journal American, de Nueva York, y publicó una súplica: «Venga y le ayudaremos... Usted no desea volver a matar...»

Pero si «El Estrangulador de Boston» (como lo llamaban ahora) leyó esta súplica, no respondió. No era un paranoico como George Metesky, frustrado porque el mundo no reconocía sus poderes divinos. Era... un personaje distinto.

De repente, a primeros de diciembre, unos cuatro meses después del asesinato de Jane Sullivan, apareció un nuevo crimen igualmente espeluznante. Esta vez la víctima no era una mujer de edad, sino una muchacha de veinte años: Sophie Clark, estudiante negra del Instituto Carnegie de Tecnología Médica. Se la encontró en un apartamento de Back Bay que compartía con otras dos jóvenes: estaba estrangulada con una media. Iba desnuda, solo llevaba la bata abierta. Yacía sobre la espalda con las piernas separadas en la misma posición. El asesino había intentado cometer el coito con ella, aunque era imposible demostrar si había sido estando viva o muerta. Se encontró semen en la vagina y también en el suelo. El apartamento había sido registrado.

Ahora, los investigadores se dividieron en dos campos con opuestas teorías sobre la muerte de Sophie Clark. Un grupo sostenía que Sophie Clark era la sexta víctima de «El Estrangulador de Boston». El otro grupo, que este nuevo crimen era obra de un hombre distinto.

El primer grupo señaló la similitud entre esta muerte y las otras cinco. Sophie, como todas las víctimas, menos una, había sido estrangulada con una de sus prendas. Violada y dejada en una postura inhumana pero con una expresión plácida en el rostro. Estaba relacionada con un instituto médico. También poseía una extensa variedad de discos de música clásica y jazz.

El otro grupo hizo hincapié en la diferencia. El primer estrangulador de Boston, decía este grupo (que incluía muchos psiquiatras), estaba solo interesado en mujeres de edad. Si un hombre se dejaba arrastrar por alguna obsesión sexual que le llevaba a perseguir o matar a mujeres de edad, no parecía probable que de pronto se sintiera atraído hacia una muchacha de veinte años. Además, el primer estrangulador de Boston nunca cometió coito con las cinco anteriores. Era posible que no deseara llevar a cabo el acto sexual completo o quizá no se sentía capaz de realizarlo; o se había entregado a alguna fantástica perversión. (Más tarde, cuando me pidieron que estudiara el caso de Sophie Clark, hubiera deseado que al efectuar la investigación en los primeros momentos se hubiera prestado más atención sobre este punto. ¿Fue una penetración completa o el semen estaba solo fuera? Aquella pregunta me pareció muy importante, pero no supieron contestármela, y cuando llegué a Boston, un año y medio después, ya no se podía demostrar.)

El asesino de Sophie Clark, según el segundo grupo, había querido que todos creyeran que ese crimen fue cometido por el primer estrangulados Tal vez quiso alejar de él las sospechas. Esperaba que el primer estrangulador fuese capturado y acusado de este sexto homicidio como de los otros cinco, y, por lo tanto, el asesino de Sophie Clark quedaba en libertad. O, tal vez, como sucede a menudoi tras una larga serie de crímenes extraños sin descubrir, este segundo asesino se había limitado a copiar al primero, por la única razón de que los relatos de la prensa le habían sugerido la idea. De cualquier modo, por el motivo que fuere, este segundo asesino había preparado la escena del crimen para que pareciese igual que la de los otros cinco asesinatos.

Estas eran las teorías. Por el momento no se podía dar crédito a ninguna.

Y mientras se discutían estas teorías, «El Segundo Estrangulador» (como ya habían empezado a llamarlo) añadió nuevas atrocidades a la lista. El 13 de diciembre de 1962, otra joven universitaria de veintitrés años, Patricia Bissete, fue hallada estrangulada con una de sus medias en su apartamento de Back Bay. Le habían atado una blusa alrededor del cuello formando un lazo. La expresión de su cara era tranquila como si durmiera pacíficamente.

La próxima fue Beverly Samans, de veintitrés años, muerta en su apartamento en las inmediaciones de Cambridge. Beverly había sido apuñalada, no estrangulada. Alrededor del cuello y colocados de un modo caprichoso se encontraron medias, pañuelos bordados y un llamativo chal. Cuando el médico forense apartó aquellos adornos encontró en la garganta varias heridas mortales de cuchillo. El cuerpo se hallaba colocado en la misma posición de los anteriores que la policía asociaba con ambos estranguladores, si es que en efecto había dos.

Beverly se había graduado en la Universidad de Boston, en donde estudiaba música. A pocos pasos de su apartamento vivía otra estudiante graduada de la misma edad, Emily Hoffert. Nadie sabe si se conocían. Es muy fácil; quizás en alguna fiesta de la Universidad, en algún concierto o en un sencillo restaurante o en la cafetería de la Universidad. Un mes después de la muerte de Beverly, Emily se marchó de Boston para continuar su carrera en Nueva York. Dos meses después, en su apartamento de Manhattan, que ocupaba con Janice Wylie y otra chica, Emily encontró una muerte tan horrible como la de Beverly.

La cuarta víctima en la lista de «El Segundo Estrangulador» era una divorciada rubia y extraordinariamente atractiva llamada Evelyn Corbin. Tenía en realidad más de cincuenta años, pero sus amigos pensaban que no tendría más de cuarenta. El modo como murió se parecía mucho a los anteriores crímenes, pero en su caso el ultraje sexual parecía especialmente salvaje y violento, aún más que el de Beverly Samans; como si «El Segundo Estrangulador» hubiera dado rienda suelta a su imaginación.

La señora Corbin estaba acostada en la cama de su apartamento con las piernas separadas. Un pie le colgaba del borde de la cama y alrededor del tobillo llevaba atada una media en forma de lazo. Los pantalones se los habían embutido en la boca como una mordaza, pero luego se demostró que la amordazaron después de muerta o, por lo menos, inconsciente. No había señales de lucha y la cara de la señora Corbin tenía una apariencia tranquila con los ojos cerrados como si durmiera. Había señales de mordiscos por todo el cuerpo, incluyendo la región genital, y semen, no solo en la vagina, sino también en el pecho.

El 22 de noviembre de 1963, casi todo el mundo se olvidó en Boston de los dos estrangulamientos. Fue el día en que el presidente John F. Kennedy murió asesinado en Texas. La atrocidad de aquel crimen hizo que todo el mundo se olvidara de los asesinatos cometidos en la ciudad.

No obstante, había por lo menos un hombre en Boston o cerca de aquella ciudad al que no perturbó la muerte del presidente. Ese hombre era «El Segundo Estrangulador». Al día siguiente, mientras la mayor parte de la nación guardaba luto y se lamentaba por aquel terrible crimen, él cometió otro. Su víctima era una joven de unos veinte años con una carrera universitaria, llamada Joan Graff. Se la encontró en su apartamento estrangulada con una media, amordazada con los pantalones, adornada con lazos, cubierta de mordeduras y semen.

El 4 de enero de 1964 «El Segundo Estrangulador», llevó a cabo su sexto crimen. Era, si cabe en lo posible, el crimen más feroz, más depravado que había perpetrado.

La víctima era Mary Sullivan, una joven de diecinueve años (no tenía ningún parentesco con Jane Sullivan, asesinada en 1962). Mary había llegado a Boston solo hacía un mes para buscar trabajo y se ganaba la vida dando clases nocturnas en la universidad. Sus dos compañeras de apartamento la encontraron apoyada en la cama, medio sentada y estrangulada con una media. Alrededor del cuello llevaba atados formando lazos varios pañuelos de colores vivos que ocultaban la media. De la boca abierta y torcida le salía un hilo de semen que llegaba hasta el cuello. Había semen en el pecho y los muslos. Las rodillas levantadas y separadas.

Este fue el espantoso relato que John Bottomly nos contó en la primera reunión de nuestro Comité Médico-Psiquiátrico. Nos dijo que no hubo más estrangulaciones desde la muerte de Mary Sullivan y deseaba fervorosamente que el asesino fuera capturado antes de perpetrar una nueva atrocidad. Discutimos los crímenes durante un rato, examinamos las fotografías ampliadas de los cuerpos y de las escenas del crimen, hicimos unas cuantas pregiuntas y nos fuimos. Nos dijeron que pasáramos las próximas tres semanas tratando de desenredar lo que habíamos visto y oído y luego nos reuniríamos en Boston el 29 de abril para presentar todas las ideas que hubiéramos recogido.

Me fui a mi casa de Nueva York triste, furioso y desconcertado. Ningún hombre con una mujer y una hija dejaría de sentirse trastornado ante un relata como el de John Bottomly. Las fotografías que nos habían enseñado —retratos de mujeres de edad y de jóvenes estranguladas, adornadas con lazos y en las posiciones más grotescas— persiguieron mi imaginación durante aquellas semanas.

Hasta este caso, nunca había trabajado en ninguno en que hubiera más de dos víctimas. Ahora se trataba de once, quizás habría más. (En realidad, luego se supo que por aquel tiempo hubo trece. Dos ancianas habían sido asesinadas, pero como no fueron estranguladas ni adornadas según la costumbre del primer estrangulador, la policía consideró estos dos casos como dos asesinatos aislados sin relación con los otros.)

Once víctimas. Cinco mujeres de edad seguidas de seis jóvenes. ¿Se trataba de uno o de dos estranguladores?

No lo sabía. Como todo el mundo, me preocupaba la singular combinación de semejanza y diferencia en los dos grupos de víctimas. No sabía si la semejanza era más importante que la diferencia o viceversa, no sabía dónde centrar mi atención. En aquellas tres semanas, mientras esperaba la próxima reunión del comité, traté de desembrollar el enigma. Al considerar ahora el asunto me extraña mi propia ceguera. La única verdad de los crímenes la tuve todo el tiempo ante mí. Era una verdad tan simple, tan evidente que nadie la había tenido en cuenta. Era el único asidero psicológico por el que podía agarrarse el caso, arrancado del dominio de la especulación y colocado sobre una mesa para examinarlo de un modo científico. Pero no lo vi hasta el último momento, en realidad, hasta que estuve sentado a la mesa de conferencias escuchando el expediente de nuestra segunda reunión.

Durante aquellas tres semanas estuve dando vueltas confundido ante la realidad, tropezando con ella, enredándome sin verla. Buscaba una pauta, como todos, algún común denominador entre las víctimas o las circunstancias que me llevara a una deducción sobre quiénes eran los estranguladores, dónde podría encontrarlo o dónde darían el próximo golpe. Una pauta posible parecía encontrarse en el hecho de que muchas de las víctimas eran enfermeras o tenían alguna relación con hospitales. Luego había la pauta «música». Había otras posibles que parecían igualmente interesantes y sin embargo, al examinarlas, no conducían a ninguna parte. Por ejemplo, que la mayoría de las víctimas, jóvenes o viejas, vivían en apartamentos baratos, en barrios bajos, a veces en barrios francamente sucios, poblados por homosexuales, hippies, drogadictos. Otra semejanza: la mayoría vivía en apartamentos de paso, solas o con otras mujeres. Ninguna tenía dinero ni podía suponérsele en posesión de algo que valiera la pena robar. Todas presentaban un rostro tranquilo. No había pruebas de que sus apartamentos hubieran sido forzados para entrar, lo que indicaba que los dos estranguladores eran conocidos de sus víctimas y habían entrado sencillamente porque les habían invitado a pasar.

Pero las diferencias entre los crímenes eran igualmente notables. La más notable era la diferencia de edad entre las mujeres, lo cual daba a entender que habían dos estranguladores. También existían amplias divergencias en la personalidad de las mujeres, clases de actividad social, grados de experiencia sexual, niveles de educación, ocupaciones y ambiente en que se movían. Otras diferencias que me chocaron por su importancia, aunque no pude decir inmediatamente el por qué y nadie más parecía particularmente interesado en ellas, fue la diferencia en el tipo de ultraje sexual en los dos grupos de mujeres. El primer estrangulador no había intentado el coito con sus víctimas de edad. «El Segundo Estrangulador», por lo menos lo había intentado con las víctimas más jóvenes, aunque era imposible decir si lo había completado o si sus víctimas se hallaban conscientes en aquel momento.

A medida que se acercaba la fecha de nuestra reunión crecía mi pánico. Tenía la extraña sensación de hallarme cerca de la explicación principal, lo suficiente cerca para llegar hasta ella y tocarla; sin embargo, algo me privaba, cegándome. La pauta que buscaba existía, estaba seguro. En algún lugar de esa terrible saga de muerte y sexo había un singular significado. Sabía que estaba allí, pero no podía alcanzarlo. Cuando más lo perseguía, tanto más importante resultaba y no obstante, más velozmente me esquivaba.

Llegó el 29 de abril y volé rápidamente a Boston con la explicación esquivándome todavía, machacándome con su proximidad. Llegué al salón de conferencias defraudado y con un pánico cada vez mayor. ¿Encontraría la huidiza pauta antes de que me convocaran para hablar?

El doctor Kenefick, jefe del comité, vio en seguida que habría una gran divergencia de opiniones en torno a la mesa. Para poner orden en lo que supuso sería una discusión caótica, decidió dar la vuelta a la mesa según las manecillas de un reloj, preguntando a cada uno que expusiera un breve e ininterrumpido resumen de sus puntos de vista. Por suerte, empezó con el señor que estaba a mi izquierda dejándome a mí el último en hablar. Esta circunstancia me dejaba un lapso de tiempo para perseguir la pauta que se me escabullía.

La perseguía desesperadamente con una parte de mi cerebro, mientras que con la otra asimilaba lo que los demás iban diciendo. Como era de esperar, no coincidían en muchos puntos, pero en otros parecían estar todos de acuerdo.

Se habló mucho sobre el *modus operandi* o M.O., el método corriente del criminal al atacar, su modo de proceder. «A causa de la diferencia en M.O. —decía uno de los miembros del comité—, debemos presumir que hay más de un hombre responsable de estos crímenes.» Las cabezas asintieron; se oyó un murmullo de aprobación en torno a la mesa. Otro miembro expuso la misma idea de un modo distinto. «Vemos representados distintas clases de impulso sexual, y por lo tanto, hay distintos hombres.» Otra vez las cabezas asintieron.

Y, repentinamente, me di cuenta de que mi cabeza no asentía. No sabía exactamente por qué no. Fue uno de aquellos presentimientos con los que me había encontrado en mi vida profesional, una sensación muy fuerte, basada tal vez en la evidencia que estaba medio oculta en algún rincón de mi cerebro. Fue cuando vi a «El Terrorista Loco» con un traje de americana cruzada o la vez que vi a «El Asesino de Nochebuena» como «una quisquilla». Aquella sensación no podía explicarla con palabras de una evidencia sólida y tangible, pero era una sensación tan fuerte que no podía apartarla de mí. Fue tan extraordinaria que casi la sentí como una certeza: solo había un «Estrangulador de Boston».

En aquel momento, mi pánico se agudizó dolorosamente. Vi que iba a ser una minoría de uno solo, una voz sosteniendo que solo había un estrangulador. Esto en sí, estaba bien. El propósito de aquella reunión era conocer las opiniones y no se ejercía presión para que nadie se sujetara al pensamiento de la mayoría. Los psiquiatras como grupo son tolerantes con los disidentes y las opiniones minoritarias. Sabía que nadie me culparía por expresar un punto de vista contrario al que sostenían los otros. No. Mi punto de vista sería respetado, *si* tenía alguna prueba razonable que lo respaldara.

Ese era mi problema. No tenía la prueba, todavía no. Sabía que existía, pero no podía dar con ella. Todo lo que tenía por el momento era un presentimiento, y en esta reunión de profesionales, sabía que un presentimiento no sería aceptado. Lo más seguro es que se echaran a reír.

Y de este modo, aporreando mi cerebro que se tambaleaba trataba de obligarle a que reuniera las piezas de aquella pauta que me eludía. Mientras tanto, los miembros hablaban por turno alrededor de la mesa. Sus voces retrocedían en mi conciencia. Oía retazos de conversaciones como si vinieran de muy lejos. Se mencionó muchas veces el M.O. Varios miembros veían a uno o dos estranguladores como hombres gruesos y aunque unos cuantos parecieron dudar, nadie lo refutó abiertamente. ¿Asesinos gruesos? Otra vez el presentimiento hizo presa en mí. No solo veía a un solo asesino; sino que lo veía como un hombre bien proporcionado, ni grueso ni delgado. De constitución atlética: un esquizofrénico paranoide como el hombre que pensé había matado a Janice Wylie y Emily Hoffert y que según creía aún rondaba por Europa. ¿Por qué un esquizofrénico paranoide? Siempre pensé... casi...

...—y este rastro de semen —iba diciendo uno de los miembros— que va de los muslos de las primeras víctimas hasta la boca de las últimas, difícilmente es obra de un hombre solo.

La palabra «rastro» aterrizó en mi mente como una rociada de agua helada. Experimenté un momento de confusión seguido de un sorprendente resplandor. Las ideas que había estado tejiendo en mi cabeza repentinamente se sincronizaron. De pronto, las piezas del rompecabezas se unieron. ¡Lo tenía!

La única realidad que todos habíamos ignorado, una realidad tan sencilla y evidente que solo nombrarla parecía ridícula, era que las once víctimas eran todas mujeres. No importaba la diferencia de edad ni otros detalles, todos eran miembros del sexo femenino. Vi que era el *único* denominador común importante entre todos los demás. Que muchas fueran enfermeras y que a muchas les gustasen la música eran factores periféricos, no centrales. Estuve tentado de pensar que el único factor central era el sexo de las once víctimas.

Y la pauta esquiva que todos habían buscado, aparecía en el rastro del semen. Un hombre había hecho aquel rastro. Un hombre desgraciado, desesperado, profundamente trastornado.

Me llegaba mi turno. En aquellos últimos minutos revisé rápidamente mi teoría sobre cada hecho conocido de los asesinatos que pude aportar a mi cerebro. Cada hecho debía encajar fácilmente con la teoría, cómodamente, sin forzarlo. De lo contrario, por las reglas de una buena deducción, la teoría sería repudiada. ¿Encajaban los hechos? ¿Qué podía decir de los registros en los apartamentos de las víctimas, aquellos registros que no tenían un motivo obvio? ¿Se adaptaban? Sí. ¿Y qué decir de la serena expresión de los rostros? ¿De la posición de rana? ¿Las mordazas de las últimas víctimas sin razón aparente? Todo se colocaba en su sitio.

El hombre que hablaba a mi derecha casi había acabado. Optaba categóricamente por dos y hasta tres asesinos. Sin darme cuenta proferí bruscamente: «¡Oh, no!»

La sala enmudeció repentinamente. En aquel imponente silencio sentí que me encogía en la silla hasta alcanzar un tamaño diminuto. Luego, de repente, pasó el momento de temor y de un modo singular, recobré la calma.

El doctor Kenefick rompió finalmente el silencio.

—¿No está de acuerdo, doctor Brussel?

—En este punto no.

—¿Por qué no?

Carraspeé y empecé a hablar confiado en que mi voz tendría un timbre razonable. Lo único que deseaba era verme envuelto en una discusión. Solo quería demostrar mis puntos de vista y marcharme a casa.

—Creo que tenemos que ver con un solo hombre —dije—. Las aparentes diferencias en el M.O., son el resultado de los cambios que se han efectuado en ese hombre. En el período de dos años durante los cuales ha cometido esos crímenes, ha pasado por una serie de trastornos; o, para decirlo de otro modo, un solo y progresivo trastorno.

Vacilé antes de hacer mi segunda declaración. ¿Me atrevería? Finalmente me decidí:

—Lo que le ha sucedido es en dos palabras: madurez inmediata. En estos dos años ha madurado de pronto psicosexualmente de la infancia a la pubertad y de ésta a la virilidad. Naturalmente, esto le ha ocurrido del modo más espantoso. Ha tenido que cometer esos crímenes para conseguir la madurez. Era el único camino que conocía para resolver sus problemas, encontrarse sexualmente y llegar a ser un adulto entre los hombres.

Me detuve un momento. Se oía el silencio. Me lancé:

—Teniendo en cuenta el rastro del semen, se produjo un fuerte cambio en la clase de ultraje sexual.

Hice hincapié en que las primeras cinco víctimas, las mujeres de edad, no tenían semen en la vagina. Fueron manipuladas con las manos o con instrumentos, el tipo de violación sexual que puede esperarse de un niño pequeño, no de un hombre. El niño anhela el amor de su madre, siente curiosidad por su cuerpo y por asociación, por el cuerpo de todas las mujeres en general. Si se le presenta la oportunidad se siente instigado poderosamente a hurgar en los genitales de una mujer con los dedos o un instrumento, pero no realizaría el coito. No sabría cómo, y aunque se le ocurriera fallaría en el intento.

Los actos de «El Estrangulador» con las cinco mujeres de edad, como les indiqué, fueron precisamente los de un chico pequeño. El hecho de que *fueran* viejas parecía apoyar la idea. Pensé que en esas cinco infortunadas víctimas «El Estrangulador» había visto a su madre. Estaba enfadado con ella, quería castigarla por algo que le había hecho o por lo que fuera. ¿Por qué? Quizá por no darle su cariño. Ciego de cólera castigó a cinco madres supuestas. Luego, en busca todavía del amor, realizó una versión infantil del acto sexual adulto: hurgó y exploró cada cuerpo, algunas veces se masturbaba sobre él. Finalmente, registraba el apartamento de todas las madres imaginarias, no en busca de objetos materiales de valor sino otro objeto. Posiblemente, ni él mismo sabía lo que buscaba. Tal vez algo que le recordase a su madre imaginaria, alguna pertenencia personal, como el carnet de conducir que robó «El Asesino de la Nochebuena», o quizá ni siquiera algo material. Registraría el apartamento por la misma razón que hurgaría en los cuerpos: un deseo vago, inarticulado pero fuerte por conocer la intimidad, un ansia por compartir los secretos de su madre adorada.

En esta primera etapa de su terrible carrera, el estrangulador se comportó como Paul, «El Asesino de la Nochebuena», que también castigó a una madre supuesta y que también fracasó al manifestar su problema sexual de un modo adulto. Sin embargo, «El Estrangulador» difería de Paul en un aspecto muy importante. Paul era un esquizofrénico regresivo, en realidad retrocedía rápidamente a la hebefrenia[1], una fase de la esquizofrenia que se conoce por un retroceso completo al mundo de la infancia. «El Estrangulador» no retrocedía. De un modo curioso «progresaba».

El niño corriente, en el transcurso normal de los acontecimientos, pierde la obsesión primera por su madre. Traslada sus sensaciones sexuales a las chicas de su edad. Lo hace gradualmente, a medida que pasan los años y llega a tientas y a trompicones a la pubertad. Estoy convencido de que «El Estrangulador» consiguió llegar a la pubertad de un modo impresionable, en pocos meses. Al matar y manipular a cinco mujeres de edad madura, descargó su ira en su madre y también satisfizo la curiosidad de un niño. De este modo cuidó de desprenderse de su obse-

[1] Síndrome de excitación psicosexual propia de la pubertad.

sión infantil por su madre. Luego, después de un paréntesis de cuatro meses dirigió su atención a mujeres más jóvenes y a muchachas.

Ahora se hallaba en un estado parecido a la pubertad e intentó el coito con sus nuevas víctimas. No era un coito completo y adulto, sino a medias, prematuro. Creo que las víctimas en aquellos momentos se hallaban inconscientes o muertas. Aunque faltaban pruebas para esta suposición, pensé además que la penetración en la vagina no fue completa, por lo menos en las dos o tres primeras mujeres. Daba un paso hacia la virilidad y la potencia sexual, pero aún no había cubierto toda la distancia.

Trasladó sus sentimientos de ambivalencia esquizofrénica de las supuestas madres a mujeres más jóvenes, a las mujeres en general. Las amaba y a la vez las odiaba; las quería y deseaba su muerte. Esta ambivalencia es típica de la esquizofrenia. Las dejaba desnudas, en una posición indecorosa, adornadas como un payaso para demostrar que se burlaba de ellas y las odiaba. Tanto más fuerte se hacía su deseo sexual y de castigo menos contenido se hacía al pasar de una víctima a la otra. La primera de sus víctimas jóvenes, Sophie Clark, la estranguló solamente, sin que se encontrara semen en la vagina. La siguiente mostraba señales de mordiscos en el pecho. La tercera, cuarta y quinta llevaban los pantalones en la boca como una mordaza; no los puso para amordazarlas, pues no hay indicios de que en aquel momento estuvieran conscientes y lucharan, sino más bien como una afrenta más. La última, Mary Sullivan, se halló expuesta a la afrenta más definitiva y total. Tenía el semen en la boca. «El Estrangulador» había demostrado simbólicamente *arrojo mi sexo a tu cara.*

¿Y las expresiones serenas del rostro? ¿La falta aparente de lucha? Era obvio que el estrangulador, quienquiera que fuese, no asustó a las víctimas al entrar en sus pequeños y desastrados apartamentos. Tal vez se había hecho amigo de ellas anteriormente (¿en una tienda de música?, ¿en los hospitales?) y le habían invitada a visitarlas. O también es posible que llamara simplemente a la puerta con algún motivo plausible: que hacía un escrutinio electoral o que revisaba las cañerías. De algún modo conseguía entrar sin asustar a la víctima. También es posible que ni él mismo supiera que iba a causar una víctima. A lo mejor no tenía esa intención al entrar.

Pero entonces...

Veía la escena con una claridad absoluta. La mujer le invita a entrar, cierra la puerta. Luego se vuelve y le conduce a la salita de estar o al cuarto de baño donde debe verificar las cañerías. *Le da la espalda.* Es el símbolo de rechazo que le ha preocupado toda su vida. Quizá le recuerde algún terrible episodio que tiene que ver con su madre y con él cuando era niño. Le sobrecoge una ira ciega. Con el brazo, el cinturón o cualquier objeto agarra a la mujer por el cuello. Una fuerte compresión de las venas yugulares y las arterias carótidas interrumpen el riego del cerebro y produce al instante la inconsciencia, tres segundos a lo sumo. No hay lucha. Antes de que la víctima se dé cuenta de lo que sucede ha perdido el sentido.

Mientras daba estas explicaciones al Comité Médico-Psiquiátrico, comprendía que no ganaba adeptos a mi teoría sobre un solo estrangulador. Los otros miembros escuchaban cortésmente, pero sabía que saldría de la reunión con la idea de que había dos o más estranguladores.

Tal vez, dándose cuenta de que necesitaba un apoyo, el doctor Kenefick me interrumpió para contar al comité mi aventura de «El Terrorista Loco». Después, el doctor Kenefick se volvió a mí.

—¿Quiere decirnos qué tipo de hombre es «El Estrangulador»?

—Bien, pues... —vacilé, pero comprendí que no podía volverme atrás.

El doctor Kenefick sonrió.

—Adelante, doctor. Estamos pendientes de sus palabras.

Me encogí de hombros.

—De acuerdo. Por si les interesa saberlo he aquí como lo yo veo. Es un esquizofrénico tipo paranoide. Creo que en esto casi todos estamos de acuerdo, aun cuando no lo estemos en el número de estranguladores. Una persona de este tipo tiene lo que Kretschmer llamaría un «atlético habitus». Por «atlético» Kretschmer se refería simplemente a bien proporcionado, pero en este caso hago hincapié en el lenguaje familiar y moderno de la palabra. Este hombre tiene fuerza muscular. Estrangula a las víctimas con tal fuerza que al parecer pierden el sentido en el acto. Es decir, un hombre fornido, bien proporcionado. La reacción paranoide no alcanza el total desarrollado antes de la plenitud de la vida. Por lo mismo, supongo que tendrá alrededor de los treinta años. Dudo que sea mucho más viejo. En un hombre más viejo, tanto la fuerza muscular como la sexual habrían disminuido. Es *posible* que tenga cuarenta o cincuenta, pero me atengo al cálculo de probabilidades y según éste, no es probable.

Hice una pausa. ¿Debía continuar? Bueno, pensé, ¿por qué no?

—Me pregunto lo siguiente: ¿Cómo pudo este hombre entrar y salir sin ser visto? Creo que una parte de esto reside en su aspecto. Es lo que la gente describiría «un tipo corriente». Ni gordo ni flaco, ni tiene nada que llame la atención. Con toda seguridad es de estatura mediana. Si fuera un enano o un gigante, la gente se hubiera fijado. Recorre las casas de apartamentos a plena luz del día y la gente que lo ve no repara en él. Es una persona que pasa inadvertida. Añadan a esto que es un hombre muy cauto —nunca deja huellas digitales ni otras pistas—, y tendrán el retrato de un individuo limpio, pulcro, ordenado. No hay nada alarmante en su aspecto. Va bien afeitado; las uñas limpias; vestido con ropas que no llaman la atención. Va siempre bien peinado. En realidad tengo el presentimiento de que está obsesionado por sus relaciones con el sexo opuesto y quiere que las mujeres se sientan atraídas hacia él en lugar de rechazarle. Lo veo como un hombre que cuida con esmero el cabello. Seguramente tiene una melena que muchas muchachas envidiarían.

Hice otra pausa. Observé que el interés de mis oyentes iba decayendo y terminé rápidamente. Expuse mi opinión de que puesto que la estrangulación era el método para matar más conocido en el sur de Europa, el estrangulador podría ser de origen español o italiano. Añadí que seguramente tenía una inteligencia media o superior, pero que no era en absoluto un retrasado mental. Suponía que era soltero y que vivía solo.

—¿Eso es todo? —preguntó el doctor Kenefick.

Me levanté. Aún no sé por qué. Quizá me sentía entumecido e incómodo o que inconscientemente me disponía a salir de la habitación.

—Y otra cosa aún. No creo que lo descubran fácilmente.

—¿Qué quiere decir, doctor?

—Con el tiempo lo encontrarán, pero será porque confesará voluntariamente. Ya verán... ya verán, creo que ha terminado.

—¿ Terminado ?

—Sí. Ha estado buscando dos cosas: madurar sexualmente y vengarse en su madre de la obsesión que le produjo su indiferencia o lo que fuera. Creo que ha conseguido las dos cosas.

Todos los miembros que estaban en la sala me miraron fijamente.

—Con Mary Sullivan ha perpetrado el último ultraje, la venganza final. Le arrojó el sexo a la cara. Quiso demostrar que *su* sexo ya no le preocupaba, que lo despreciaba. En mi concepto, Mary Sullivan ha sido su última víctima y pienso que en cierto modo se ha «curado» de sus evidentes dificultades sexuales, aunque no de sus otros problemas emocionales. A partir de ahora, conseguirá una satisfacción sexual de mujeres conscientes y de una manera más o menos normal.Los agentes de la policía que estaban al otro lado de la sala parecían preocupados.

—¿Dice usted que confesará espontáneamente? —preguntó uno.

Me encogí de hombros.

—Al parecer querrá contar sus éxitos aunque solo sea a una persona. Recuérdenlo, creo que ha estado desesperadamente preocupado por sensaciones de insuficiencia sexual. Ahora que se siente maduro querrá que la gente lo sepa.

Después de estas palabras se produjo un largo silencio.

Luego, empezaron las discusiones amistosas y corteses pero iban contra mí.

Cuando se levantó la sesión yo era todavía el único que creía que había un solo estrangulador.

En los meses siguientes, durante el verano y el otoño de 1964', la gente y la policía de Boston esperaban angustiados otra estrangulación. No hubo ninguna más. Transcurrido cierto tiempo, algunos pensaron que los dos estranguladores se habían ido de Boston. Otros creían que por lo menos uno, se había suicidado. Sin embargo, muchos temían que fuera solo un paréntesis y que en cualquier momento empezaría una nueva serie de crímenes aún más espantosos.

Mientras tanto, la policía se ocupaba en pasar revista diariamente a pequeños delincuentes. Uno que había causado innumerables trastornos en el verano y otoño del sesenta y cuatro era al parecer un insaciable perseguidor sexual al que llamaron «El Hombre Verde». El apodo le vino por el modo de vestir: monos verdes, gafas de sol verdes y a veces guantes de trabajo verdes. Durante varios meses más de cien mujeres se quejaron de él a la policía. Llegaba a la puerta del apartamento o de una casa de la periferia con la excusa de que iba a inspeccionar el contador de la electricidad o a reparar algún desperfecto y le hacían entrar. Su aspecto aseado y simpático y sonrisa pueril tranquilizaba a las mujeres, pero una vez dentro, si la mujer estaba sola, sacaba un cuchillo y las obligaba a someterse a un largo y lascivo ritual. Con el cuchillo en el cuello las forzaba a desnudarse y acostar. A veces les sacaba las medias y con ellas o con las corbatas del marido las ataba a la cama con los brazos y las piernas extendidas como las alas de un águila.

Al marcharse, a veces se excusaba de una forma curiosa diciendo: «Lo siento, espero no haberle causado daño.»

En el mes de noviembre de aquel año, una joven ama de casa de Cambridge, víctima de «El Hombre Verde», conservó la serenidad y al inclinarse sobre ella le examinó atentamente el rostro y lo describió a un dibujante de la policía. El dibujo robot se comparó a todas las fotografías de los delincuentes sexuales conocidos. Varias fotografías se parecían al dibujo robot y le pidieron a la señora que las examinara. Al instante eligió una y aseguró que aquel rostro era positivamente el de «El Hombre Verde».

Era la cara de un tal Albert DeSalvo, un hombre de unos treinta años. En 1961, DeSalvo había sido arrestado en Cambridge por una odisea sexual de menor importancia. En los años 1960 y 1961 había trabajado para una agencia como descubridor de modelos para revistas de modas. Visitaba a las estudiantes y mujeres jóvenes, les pedía permiso para tomarles las medidas. Muchas eran lo suficiente crédulas para someterse a la prueba. Les tomaba las medidas desde el busto hasta los tobillos, palpaba las pantorrillas y los muslos y musitaba algo sobre la estructura ósea. Luego se marchaba y nunca más volvían a saber de él, y las mujeres poco a poco se daban cuenta de que les había tomado el pelo. «El Hombre de las Medidas», como lo llamaban, fue apresado en 1961 y cumplió condena en una cárcel poco menos de un año. Los psiquíatras diagnosticaron sociópata o psicópata —una persona que si bien era legalmente cuerdo, le resultaba difícil vivir en la sociedad y adaptarse a sus normas—; en lenguaje corriente, uno que no encajaba, un inadaptado, un estrafalario. Se le consideró relativamente inofensivo, un patético Juan Nadie que experimentaba alguna extraña satisfacción palpando las piernas de las mujeres. Lo soltaron en la primavera de 1962.

Este patético personaje resultó ser «El Hombre Verde» de 1964. Los informes de la policía de Cambridge demostraron que DeSalvo estaba casado y vivía con su mujer en un suburbio cerca de Malden. Un sargento de la policía telefoneó a DeSalvo a su casa y le preguntó si no le importaría ir a la comisaría al día siguiente para contestar algunas preguntas.

—¿Sobre qué? —preguntó DeSalvo.

—Limítese a venir.

—¡No! ¡Y déjeme en paz! Quiero saber de qué se trata.

—Sobre ultrajes a algunas mujeres.

Entonces DeSalvo dijo una cosa muy extraña:

—¡Gracias a Dios! ¡Me han detenido!

Albert DeSalvo, «El Hombre de las Medidas», «El Hombre Verde», acabó en el Brictgewater State Hospital, una institución en la que el Estado de Massachusetts confina a los enfermos mentales delincuentes. Al principio se le consideró un interno sin importancia. Sin embargo, no paraba ele alardear de sus hazañas sexuales. Parecía orgulloso de su vida como «El Hombre Verde». Hablaba de una manera pomposa de haber ultrajado doscientas mujeres en el espacio de unos meses. Quería que todos supieran que era muy hombre.

Y, de vez en cuando, dejaba caer algunas frases entre los otros internos: extrañas observaciones indicando que era alguien más importante que «El Hombre Verde». «Un día seré famoso —decía—. Esperen a saber lo que hice... ¿Cuál es la pena en este Estado por asesinato?»

Al poco tiempo, varios internos y miembros del personal empezaron a preguntarse si las insinuaciones de DeSalvo se deberían tomar en serio. El asunto empezó a tomar cuerpo y llegó hasta la policía y el despacho del fiscal del distrito.

Albert DeSalvo, ¿era «El Estrangulador de Boston»?

Un día, a fines de 1965, John Bottomly se sintió mucho más interesado por ese oscuro interno de Bridgewater. Bottomly, como me dijo luego, se sentía fascinado por el parecido de DeSalvo con la imagen que le había descrito del estrangulador.

DeSalvo estaba casado —lo que yo había considerado improbable—, pero en otros puntos era el vivo retrato que yo le había descrito del estrangulador. Tenía un físico atlético musculado —en realidad había sido boxeador—. Contaba poco más de treinta años y era de origen italiano. Poseía una nariz prominente y aguileña, pero sus facciones no eran ni siniestras ni llamaban la atención. Era la típica cara que se ve en el pasillo de una casa de apartamentos y rápidamente se olvida. Era muy aseado en su persona, se afeitaba cuidadosamente por lo menos una vez al día, llevaba las uñas cortadas y pulidas y lucía una hermosa cabellera oscura y ondulada que llevaba meticulosamente peinada. Además, se jactaba de un modo exagerado de su potencia sexual. Hablaba como un hombre que acaba de alcanzar la virilidad, se ha vuelto loco con sus éxitos y quiere que el mundo lo sepa.

La policía, el personal de Bridgewater y el mismo Bottomly interrogaron a DeSalvo v finalmente, en febrero de 1966, John Bottomly me llamó por teléfono a mi despacho de Nueva York.

—Usted dijo que solo había un estrangulador; nos contó qué clase de hombre era y nos explicó del modo que sería apresado.

—Supongo que sí —contesté poniéndome a la defensiva al ignorar lo que iba a pasar.

—Pues bien, ya tenemos a su hombre.

Lo habían cogido. Desde luego, podía darme por satisfecho y sentía curiosidad. Me preguntaba qué clase de hombre sería ese Albert DeSalvo. Cuando terminé de hablar con Bottomly le dije a mi mujer:

—Bueno, supongo que sabré algo de DeSalvo cuando alguien escriba un libro sobre él.

Había dos cosas que ignoraba. Una, que no permitían a ningún periodista hacer una entrevista a Albert DeSalvo. Por descontado, se escribieron libros sobre él, pero los hechos sobre el hombre en sí, su personalidad, los impulsos que lo habían modelado, se consideraron secundarios.

La otra cosa que no sabía era que pronto iba a conocer a Albert DeSalvo en persona. Pensaba que mi papel en aquel caso había terminado. Pero solo acababa de empezar.

El hombre

Una tarde, varios meses después de que me llamara Bottomly, recibí otra llamada. Era de F. Lee Baily, un joven y brillante abogado que ya se había hecho un nombre como abogado defensor en varios juicios criminales. Me llamaba desde el aeropuerto de La Guardia, en Nueva York.

—Estoy encargado de la defensa de Albert DeSalvo. ¿Quiere venir a Boston, interrogar a Albert y declarar en la defensa?

Deduje que había leído las actas de nuestras reuniones del Comité Médico-Psiquiátrico y sabía que yo consideraba a DeSalvo un esquizofrénico, probablemente no cuerdo para los efectos legales y por lo mismo no punible por sus delitos. Le contesté que me agradaría hablar del caso.

—¿Por qué no viene a mi casa a tomar unas copas y a cenar? —le sugerí.

Dudó un momento —estaba ansioso por volver a su casa de Boston—, luego accedió. Llegó a mi apartamento de la calle Doce, del sector Oeste, a las 6'10, apenas transcurridas dos horas. Era un joven muy activo y todo pasó de un modo tan apresurado que mi mujer preguntó al marcharse:

—*Estuvo* alguien con nosotros, ¿no es cierto?

Me eché a reír.

—Eso creo.

Bailey es un hombre de unos treinta y tantos años, pequeño, musculado —había jugado al fútbol en la universidad— con un rostro cuadrado de mandíbulas prominentes. Va derecho al grano; el palique y las bromas lo impacientan. Lo encontré simpático y muy inteligente, con un cerebro que podía albergar montones de pequeños detalles sin que éstos lo confundieran. En aquellas breves y rápidas horas me enteré de muchas cosas sobre el caso DeSalvo y llegué a una decisión: interrogaría a DeSalvo y si los hechos me parecían justificables, declararía en su favor.

Desde el momento en que Bailey empezó a hablar supe que iba a ser un caso extraño, en que la acusación y la defensa tensarían las cuerdas de la legalidad. Con un total conocimiento de los apartamentos y demás detalles, DeSalvo admitió haber matado a las once mujeres y, en realidad, haber matado a dos más que no habían estado anteriormente relacionadas con la serie.

No había la menor sombra de duda de que Albert DeSalvo era «El Estrangulador de Boston». Sin embargo, al inducirle a confesar, Bottomly, junto con otros, prometieron a DeSalvo un estatuto legal llamado inmunidad —cuyo resultado consiste en que las confesiones no pueden ser usadas en el juicio contra el confeso—. De este modo —una insensata paradoja legal— Albert DeSalvo, «El Estrangulador de Boston», no podía ser juzgado por las estrangulaciones, por lo menos, no sin antes atravesar un galimatías legal extraordinariamente complicado que emplearía años, y pudiera ser que al final no se llegara a nada positivo. En efecto, parecía lo más probable que nunca sería juzgado por asesinato. En cambio, se le juzgaría por los delitos de «El Hombre Verde» —específicamente por los delitos de allanamiento de morada, vejación sexual, asalto, abuso de confianza y provocar el terror—. La acusación esperaba que esta lista de fechorías sería suficiente para encerrar a DeSalvo para toda la vida y que por lo tanto, no sería necesario imputarle los delitos de estrangulaciones.

Como abogado defensor, F. Lee Bailey comprendió que lo mejor que podía esperar DeSalvo era que se le juzgara legalmente loco. Probablemente, la acusación trataría de demostrar que DeSalvo era un psicópata —o sociópata, según la terminología moderna—, un inadaptado y maleante que a pesar de su comportamiento descarriado poseía la capacidad de reconocer la iniquidad de sus hechos y por lo mismo, suficiente cuerdo para merecer el castigo. Mi trabajo, como uno de los testigos psiquiatras de Bailey, consistiría en llevar la contraria a este argumento que presentaría la acusación.

Pero primero tenía que interrogar a Albert DeSalvo y descubrir si el argumento de locura legal tenía, en efecto, una base real. No podía declarar hasta que no hubiera hecho esto, ni tampoco si después de haberle interrogado reconocía que era un psicópata.

—Solo subiré al estrado de testigo —le dije a Bailey— si descubro que es en realidad lo que predije: un esquizofrénico.

Una cosa es especular sobre un criminal antes de que lo apresen y otra muy distinta sentarse a una mesa frente a él y hablarle. DeSalvo era un hombre que había asesinado a trece mujeres, once de ellas de un modo particularmente repugnante. Me sentía lleno de curiosidad, sí, pero también profundamente intranquilo.

El criminal sexual más famoso del siglo XIX fue un personaje espectral llamado Jack el Destripador, que en 1880 mató y mutiló a siete prostitutas en las brumosas calles de Londres. Nunca lo apresaron y hasta ahora nadie sabe cómo era.

«El Estrangulador de Boston» había cometido casi el doble de crímenes que Jack el Destripador, y sus métodos de agresión eran igualmente espeluznantes si no peores. Albert DeSalvo seguramente pasaría a la historia como el más famoso criminal sexual del siglo xx. Ése era el hombre al que iba a conocer.

El 16 de octubre de 1966 volé a Boston con el doctor Hirsch L. Silverman. Salvo raras excepciones, me sirvo de la ayuda de Hirsch cada vez que interrogo a supuestos o declarados delincuentes antes del juicio. El doctor Silverman, eminente psicólogo, que enseña esta materia a estudiantes y graduados, es extremadamente hábil y perceptivo. Durante casi veinticinco años hemos seguido el mismo programa siempre que interrogamos a un demandado. Antes de verle discutimos el caso tanto si hemos o no recibido algún sumario u otro informe publicado para lectura y conocimiento público. Me parece que si habláramos del caso nos sentiríamos inevitablemente predispuestos en un sentido o en otro.

En el avión que nos conducía a Boston, Hirsch corregía unas galeradas de un libro y yo redactaba algún material para uno mío. Charles Birnim, socio de Lee Bailey, vino a buscarnos al aeropuerto y nos condujo al Bridgewater State Hospital. Antes de que Charlie dijera una sola palabra expliqué mis principios sobre el debate del interrogatorio. Los tres charlamos sobre sucesos corrientes o escuchamos la radio del coche.

Bridgewater es un complejo de edificios serpenteantes de aspecto lúgubre y anticuado que albergan enfermos mentales y algunos perturbados no criminales. La institución no debería modernizarse; debería demolerse. El interior causa aún mayor prevención y en donde las deficiencias físicas se ven equiparadas, si no sobrepasadas, por un personal inadecuado. En la época que visité Bridgewater no había un solo médico del personal calificado como psiquiatra por la Junta Americana de Psiquiatría y Neurología; ni había un psicólogo que poseyera el grado de doctor en Filosofía —como lo declaré en el tribunal tres meses después—. Es cierto que cuando Albert DeSalvo entró en Bridgewater, el doctor Ames Robey, superintendente, tenía el certificado de psiquiatra, pero a la sazón, el doctor Robey ya no era miembro del personal. Doy importancia a la falta de personal facultativo a causa del informe subsiguiente de DeSalvo como interno y su diagnóstico llegó a ser el núcleo del juicio.

Hirsch entró primero a ver a DeSalvo. Le había pedido que la prueba inicial que le hiciera fuera el Rorschach (borrones de tinta)[1], a la que había sido parcial desde que conocía su misteriosa exactitud hacía más de un cuarto de siglo. Siempre dejaba que Hirsch usara los exámenes psicológicos que estimase más indicados y necesarios para ayudar a interpretar el diagnóstico.

Hirsch terminó sus pruebas y volvió a la habitación donde yo estaba esperando. Me miró pero no cambiamos una sola palabra. Ahora me llegaba el turno. Crucé por una serie de puertas con cerraduras eléctricas y me hicieron entrar en una habitación privada para las entrevistas, un cuartito vacío en el que solo había una mesa, dos sillas y «El Estrangulador de Boston».

La primera impresión que me produjo fue la de un hombre de aspecto más bien agradable. Observé un rostro juvenil, la magnífica cabellera negra y su apariencia de escrupulosa limpieza. (En Bridgewater se había quejado a menudo de que los materiales de higiene y lavado eran inadecuados y sucios; los pacientes no pueden bañarse tan a menudo como desean y les proporcionan ropa limpia solo una vez cada siete días.) Era de estatura mediana, con anchos y fuertes hombros. No había ninguna marca rara o defecto en su rostro bien parecido. La nariz aguileña no era lo bastante larga como para resultar fea; al contrario, evitaba que las facciones fueran demasiado perfectas y le daba cierto carácter.

No sé lo que esperaba ver en mi subconsciente; tal vez un monstruo deforme. Me quedé sorprendido por el aspecto tan *agradable,* aun cuando ya lo había predicho dos años antes. Pero aún me sorprendió más su acogida. Era de suponer que estaría harto de que la gente viniera a huronear en su vida, y lo lógico es que se mostrase áspero e irritable con ese nuevo «husmeador de cabezas» que venía a hurgar en sus pensamientos y sensaciones.

En cambio, saltó de la silla sonriente y me estrechó con fuerza la mano.

—Encantado de conocerle, doctor Brussel.

Le devolví la sonrisa.

—¿Puedo llamarle Albert?

—No faltaría más, como usted quiera. Estoy muy contento de que haya venido.

---

(1) Prueba psicológica que consiste en varias láminas cuyos originales fueron hechos con borrones de tinta que al doblar la hoja formaron extrañas figuras. Según la definición que da uno se descubre su individualidad.

Más tarde supe que esta acogida tan cordial la debía a John Bottomly. Cuando le entrevistaron en 1965 y a principios de 1966, Bottomly le había hablado de mí varias veces, y Albert se hallaba interesado. Parecía notar que necesitaba una ayuda psiquiátrica, y después de hablar con Bottomly se le ocurrió que yo era el hombre que mejor le comprendería y podría ayudarle más. Según la transcripción oficial el diálogo que sostuvieron fue el siguiente:

Bottomly. —Un psiquiatra le calaría a fondo.

DeSalvo. —¿Quién?

Bottomly. —Brussel *(sic)*, de Nueva York. Auxiliar de Higiene Mental, y lo describió a usted como si lo estuviera viendo.

DeSalvo. —¿Qué dijo?

Bottomly. —Dijo que... Sostuvo que todo eso lo había hecho un hombre y que ese hombre, sin saberlo, se está curando.

DeSalvo. —¿De veras?

Bottomly. —Y dice que Mary Sullivan es la última de la serie. Dice: «No matará más».

DeSalvo. —Es cierto.

Bottomly le contó mi participación en descubrir a «El Terrorista Loco» de Nueva York. Albert estaba intrigado. Después de un rato volvió a llevar la conversación hacia sus problemas.

DeSalvo. —Oiga, me ha dicho algo muy interesante, de veras, sobre cómo se descubriría esa persona, y cuando dijo que Mary Sullivan...

Bottomly. —...sería la última...

DeSalvo. —...sabía que ese hombre tenía un problema. ¿No lo piensa también usted... cuando le hablé sobre el modo de cómo había tratado de descubrir por qué lo hacía?

Albert estaba perplejo sobre sus móviles, y de hecho, yo también. Aunque dos años antes había imaginado sus móviles de un modo amplio y general, no creo que los comprendiera bien. Nadie los ha entendido. En todo el material publicado que he leído sobre «El Estrangulador de Boston», la cuestión de los móviles ni ha sido comentada con hábiles pseudoanálisis ni ignorada del todo. Uno de mis mayores deseos al hablar con Albert es que de estas conversaciones saldrían los móviles. Al parecer, Albert compartía este deseo, y éste fue el motivo de que estuviera tan contento de verme.

Hablamos tres horas seguidas. Durante este tiempo se comió un par de barras de caramelo. No fumaba... en efecto, nunca había fumado ni bebido. Tenía una inteligencia normal (su I. Q. demostraba un 97). Era vivo, formal, educado, cooperativo, afable. Aunque su conversación no era gramaticalmente perfecta (no había terminado el primer año de estudios superiores), y a pesar de que a veces le costaba seguirme, hablaba con la fluidez y convicción de un vendedor de primera clase. Si no hubiera sabido que era el asesino confeso de trece mujeres, lo habría considerado encantador. Cuando terminó la entrevista, comprendí una cosa que había desconcertado a la policía: el porqué tantas mujeres fueron tan ingenuas de dejarle entrar en su apartamento. Albert DeSalvo tenía un modo de expresarse que habría atravesado un muro.

Empezamos por hablar de su infancia. Tal como la describió, fue un pequeño infierno.

La psiquiatría no está de acuerdo en el grado de influencia que una infancia desgraciada puede ejercer en la vida. Es seguro que una infancia infeliz tiene una fuerte influencia. Nadie sale de ella sin una huella. Por otra parte, una infancia desgraciada no significa automáticamente una sentencia. Muchos jóvenes salen de ella y llegan a ser unos adultos responsables y productivos. Pueden verse afligidos por problemas emocionales, algunos verdaderamente dolorosos, pero no todos son criminales. Al parecer, hay una conclusión lógica, y es la de que en ciertos niños existe una debilidad constitucional desconocida; y esos niños, sujetos a desgraciadas experiencias en sus años de formación, son los peores cuando llegan a adultos. Albert DeSalvo, evidentemente, era uno de ellos. En un hogar feliz habría llegado a ser un ciudadano normal y respetable. En un mal ambiente, no.

Albert se había criado en una comunidad cerca de Boston. La estrella dominante en la constelación de la familia, de personalidad impresionable y pervertida, era el padre. Increíblemente cruel con su esposa e hijos (eran tres niños y dos niñas). Una vez que se enfureció con su esposa decidió destrozar los muebles. Cogió un taladro y metódicamente agujereó todas las sillas, la mesa, las camas y otras piezas de la casa. En otra ocasión, me contó Albert, el padre le rompió los dedos a su madre, uno a uno. Pensé que los relatos de Albert sobre la crueldad de su padre eran exagerados hasta que más tarde hablé con su hermano Joseph, un obrero albañil. Le pregunté a Joseph sobre las historias de Albert sobre el viejo DeSalvo.

—Son ciertas —contestó Joseph en seguida—. ¡Toma! Mi padre no lo pensaría un momento si se le ocurría cogernos a cualquiera de nosotros y arrojarnos contra la pared como si no fuéramos más que unos pedazos de madera. Permítame que le cuente algo sobre mí. Cuando tenía siete u ocho años, tropecé con unas cajas de verduras que llevaba un hombre en un carro. Se lo dijo a mi padre y *él* me llevó a casa. Desconectó la manguera de la lavadora y me pegó de arriba abajo hasta hacerme sangre. Eso fue en primavera. En verano, no comprendía por qué no me dejaba salir de casa o del coche cuando íbamos a la playa. ¿Sabe por qué? Porque todavía tenía marcas azules y amarillas en las piernas y tenía miedo de que si alguien lo veía lo metieran en la cárcel. De tan fuerte como me pegó.

Albert describió a su padre en una palabra: «podrido». La madre, prosiguió Albert, no era la mujer tierna y cariñosa que hubiera podido hacerle soportable la vida. Era, todo lo más, indiferente con el niño. Casi todas las noches salía de casa. «No llevábamos una vida de hogar. No hacía nada para evitar las zurras de todas las noches». Ese abandono de su madre que engendró el trauma emocional de repudio materno llegó a formar con el tiempo parte del mecanismo que lanzó a Albert a las estrangulaciones. «Mi hermano y yo nos escapábamos casi todas las noches para que no nos pegara mi padre cuando volvía a casa».

Albert, según sus propias palabras, era un solitario. «Nunca me acercaba a nadie». ¿Por qué? «Quizá no me sentía capaz... recuerdo... cuando era niño solía escaparme a un patio lleno de chatarra. Había un perro, «Queenie»..., grande... mordía a todos. Quizá yo buscaba cariño, pero dormía todas las noches con aquel perro y nunca me mordió».

Sin embargo, Albert tenía un camarada de infancia, aunque no era un amigo. Un niño llamado Billie. Hasta Billie fracasó en la completa confianza de DeSalvo, pues en una ocasión, Albert casi lo estranguló. La experiencia de Albert con la estrangulación no empezó en la edad adulta; de niño se daba cuenta de ello, y de su musculatura, más fuerte que la normal, por la cual podría recurrir a este mortal tipo de venganza.

Sin embargo, él y Billie pasaban gran parte del tiempo juntos; a menudo ejecutaban actos sádicos dándose «patadas». Otras, colocaban un perro y un gato en dos compartimientos de un cajón de naranjas dividido, sellaban la caja y guardaban los animales durante tres días sin comida ni agua. Al final de aquel período sacaban la tapa y la división y miraban cómo el enloquecido y furioso gato se echaba sobre el perro y literalmente le arrancaba los ojos. Los niños nunca se cansaban de ese pasatiempo.

Lo más curioso es que en la escuela este joven delincuente era un discípulo modelo. No se trataba con los otros estudiantes de su nivel social o escolar; sin embargo, encontraba en los maestros un sustitutivo de lo que nunca había conocido: el amor paterno. Desinteresado —lo mismo que para toda la «familia»— aun cuando era estricto. Inconscientemente, Albert buscaba no solo el amor maternal sino también la figura de un padre, una autoridad a la que pudiera amar y respetar. El muchacho, simplemente adulaba a sus maestros; corría alegremente a buscarles el café, a hacer toda clase de encargos para sus profesores; siempre estaba dispuesto a complacerles. «De este modo me abría paso. Siempre procuraba estar arriba, como en los libros de venta, o cuando consigues un agradecimiento o un certificado para hacer algo». «Siempre era el número uno. Los profesores sabían que no hacía mi trabajo escolar como era debido... En realidad no estudiaba. Era celoso; buscaba reconocimiento». Observen la elección de palabras de un hombre cuyo I. Q. es solo de 97. La habilidad de Albert para usar vocablos me sorprendía constantemente.

Conoció el sexo cuando era muy pequeño, y virtualmente quedó empapado de él durante toda su niñez. Con frecuencia, su padre llegaba a casa con una prostituta, y hacía que los niños mirasen mientras él realizaba el coito o actos sexuales menos corrientes. En aquella atmósfera, Albert y sus hermanos y hermanas difícilmente podían evitar que se les desarrollase un prematuro y morboso interés sexual. Intentaron actos sexuales cuando Albert tenía cinco o seis años. Quizás en esos intentos el pequeño Albert ya andaba a tientas en busca del amor que su madre le había negado. La proximidad de cualquier ser humano, no importa en qué condiciones o por cuánto tiempo, llenaba el doloroso vacío que había en él. A los ocho años, una niña mayor que él le obligó a realizar un cunilinguo. «Cuando íbamos aún a la escuela ya habíamos aprendido toda clase de obscenidades». De este modo empezó la extraña vida sexual de Albert DeSalvo.

Su carrera criminal también empezó muy pronto. De muchacho lo prendieron por robar joyas en casa de un amigo, y más tarde, por robar un coche.

A los diecisiete años, en 1948, Albert DeSalvo encontró la única y gran oportunidad de conseguir una carrera respetable y que le satisfaciera: el Ejército de los Estados Unidos. Se alistó, escondiendo su verdadera edad, y empezó el servicio el 15 de septiembre de 1948. El Ejército le satisfizo las mismas necesidades que la escuela, aunque con premios rápidos y tangibles por buena conducta. Le ofrecía la situación en la que podría medrar. Salvo unos lapsos insignificantes, su conducta era impecable, y alcanzó el grado de sargento. Llegó a ser un soldado tan pulcro y aseado que lo escogieron veintinueve veces para ser ordenanza del coronel. Terminó en Alemania con el Ejército de Ocupación a mediados de 1950. Gozaba del respeto de la gente por los grados que se había ganado por buen soldado. La sensación de ser respetado era para él algo nuevo y muy agradable. Para obtener más grados que le permitieran ir con la cabeza más alta entre los demás hombres, se anotó en el programa de deportes del Ejército y descubrió que era un boxeador nato; lo practicaba con tal obstinación que llegó a ser campeón de pesos medios de las fuerzas del Ejército en Europa.

Albert DeSalvo se encontraba en su elemento. El Ejército era lo más idóneo para él; la clase de vida en la que podría cuajar y en la que se sentía útil y recompensado. Si se hubiera quedado en el Ejército y seguido la carrera de las armas jamás habría llegado a ser «El Estrangulador de Boston». Desgraciadamente, las simientes que iban a destruir a Albert germinaban invisible e inexorablemente; la planta sembrada estaba creciendo.

Dos factores peligrosos se enlazaban en su personalidad formando parte de su vida desde la infancia: la abrumadora obsesión sexual y la necesidad de cariño maternal. Esos dos factores se complementaban de tal modo que formaban una sola fuerza con un solo efecto: Albert se sentía impulsado a buscar las mujeres como un adicto busca la droga. A pesar de ser un soldado modelo, cuando estaba de servicio experimentaba cada noche una extraña metamorfosis tipo «Jekill-Hyde» en cuanto había terminado su servicio. Sus horas libres eran una fantástica e ininterrumpida orgía sexual. Localizaba a los oficiales que frecuentaban los bares por la noche en lugar de volver a sus hogares con sus esposas. Albert pensó que muchas de esas esposas se sentirían solas y hambrientas de amor, y tenía razón. El sargento DeSalvo llegó a ser en Alemania una especie de semental para las mujeres solas. Las satisfacía de los más diversos modos. En ocasiones, satisfacía a una esposa abandonada mientras otra miraba. No hubo aberraciones sexuales que Albert no probara durante el tiempo que estuvo en el Ejército. Le gustaba particularmente la «esclavitud», en la cual una mujer se dejaba atar a la cama mientras él satisfacía sus instintos.

En esta época de su extraña carrera, las mujeres «no le volvían la espalda». En lugar de rechazarle, le acogían complacidas: en realidad le buscaban ansiosas, a veces le ofrecían dinero y joyas. No tenía problemas para demostrarse a sí mismo su virilidad, aunque su necesidad para demostrarla era más intensa que en los demás hombres. No obstante, echaba a faltar algo. Tenía toda la sexualidad que quería, o casi toda, teniendo en cuenta su insaciabilidad, pero le faltaba una cosa: el amor de una mujer. Quería una mujer que lo amase como lo habría hecho una madre: simplemente que lo amase, no porque él le proporcionase una satisfacción sexual.

Aunque parezca extraño, la encontró. Se llamaba Irmgard, una linda joven alemana, alta, de cabello oscuro. Los dos se sintieron en seguida profundamente atraídos. Aquel período de noviazgo en 1954 debió ser el más feliz de la vida de Albert. Por fin había encontrado un ser humano que lo amaba de una manera honesta. Había encontrado una mujer que sustituyera el amor de su madre y una compañera sexualmente atractiva; las dos cosas en una.

Albert e Irmgard se casaron en 1954. Durante el noviazgo y después de la boda, Albert se apartó de todas las demás mujeres. Solo le interesaba Irmgard. Toda su vida se hallaba envuelta en ella; lo que había buscado desde niño. «Era la única que me gustaba y en la que confiaba», me confesó. En su amor por Irmgard encauzaba todos los anhelos desesperados que antes le habían impulsado a su insaciable y atormentada búsqueda sexual en Alemania. Irmgard llegó a ser el principal soporte de su vida.

Pero Irmgard no quería ser la esposa de un soldado. A pesar de que Albert comprendió que cometía un error, convino en abandonar la carrera de las armas. El 17 de septiembre de 1956 lo licenciaron en Fort Dix, Nueva Jersey. Había estado con el Ejército ocho años. Fueron los únicos años buenos de su vida.

A partir de 1956, Albert DeSalvo empezó a ir a la deriva.

Durante esos años se ganaba la vida trabajando en la construcción y de obrero en unos astilleros. El matrimonio tuvo dos hijos: Judy vino al mundo en 1955, y Michael, en 1959. Judy nació con una deformidad en las piernas y a los dos años le adaptaron un molde en forma de piernas de rana llamado *frog-cast*. El ortopédico enseñó a los padres cómo debían dar masajes a la niña en los muslos cuatro veces al día. Cuando Albert estaba en casa insistía en hacerle él el masaje, puesto que tenía las manos más fuertes que Irmgard. A veces, para que el molde le pareciera a la niña menos desagradable, le ataba una cinta o pañuelo en forma de un gracioso lazo.

Es difícil conjeturar si de todo eso extraía algún inconsciente estímulo sexual. Las niñas le habían iniciado en el sexo, en la perversión sexual, cuando era un niño. Posteriormente, la posición de la rana y los graciosos lazos fueron elementos de las estrangulaciones de Boston.

Albert, padre devoto y complaciente, estaba preocupado por la deformidad de Judy, pero esa preocupación se borró hasta desaparecer casi por completo ante la aparición de un nuevo problema, a finales de la década de los años cincuenta. Al parecer, Irmgard ya no lo amaba.

Ella adujo que la culpa era de él. Necesitaba su amor tan desesperadamente que lo ahuyentaba. Quería que ella le demostrase su amor casi incesantemente. Le pedía que se le ofreciera por lo menos dos veces al día, a veces, cinco o seis. En los fines de semana, le pedía una orgía sexual continua desde que se despertaban por la mañana hasta que se dormían por la noche completamente exhaustos. No solo Albert quería el coito normal; insistía en realizar actos que a Irmgard le desagradaban. Le exigía más de lo que ella le podía dar y empezó a rechazarlo. La vieja ansia sexual brotó en él y empezó una caza anhelante; pero ya no era la clase de caza que de manera tan asombrosa había conseguido en Alemania. Quería a Irmgard y no a otras mujeres. Para él, Irmgard era la personificación de la Mujer, y la Mujer lo rechazaba. Se encontraba en la misma situación de cuando era un niño: le negaban el amor que buscaba. Empezó a deslizarse sexualmente —a retroceder— hacia la infancia. En 1960 se embarcó en la profesión de Hombre de las Medidas, en la que experimentaba una excitación infantil en tocar a las mujeres. De vez en cuando realizaba el acto sexual adulto, pero cada vez con menos asiduidad.

Irmgard sabía que perseguía a otras mujeres, y esto hizo que en el hogar las cosas empeorasen y rechazó a Albert de una manera fría y categórica. Estaba condenado.

En mis predicciones sobre «El Estrangulador de Boston» ante el Comité Médico-Psiquiátrico de Bottomly, había supuesto que el hombre era soltero. Dicha suposición era errónea. Debía haber pensado que un hombre puede ser psicológicamente célibe aun cuando aparentemente esté casado. La falta de satisfacción sexual puede ser la consecuencia no solo de la incapacidad o repugnancia por conseguirla como en el caso de un soltero, sino también en el caso de un hombre casado, porque su mujer lo rechace. Albert se encontraba en esta segunda categoría. Era psicológicamente soltero, tropezando precisamente en las clases de problemas sexuales que afligen a los hombres solteros. Sobre este principio algunos de mis colegas alegaron amablemente, a partir de entonces, que mi suposición estuvo equivocada solo a medias. Preferiría no esconderme tras esa excusa. Debí haber meditado el caso con mayor atención. Estaba equivocado y basta.

Sentado a la mesa frente a mí en aquel cuartito vacío de Bridgewater, Albert DeSalvo parecía estar a punto de echarse a llorar cuando hablaba del fracaso de su matrimonio. Era evidente que estos dolorosos recuerdos le apenaban, aunque comprendía que era necesario explorar todos los detalles. Parecía sinceramente ansioso por descubrir sus propios impulsos. Vacilando, sacó a relucir su primer crimen: Anna Slesers, estrangulada el 14 de junio de 1962.

—Debemos enfrentarnos a los hechos, ¿no es así? —dijo—. No me gusta discutirlo, pero si tengo que hacerlo, lo haré.

Encendí la pipa y tratando de dar a mi voz un tono normal pregunté:

—¿Siguió a alguna de esas mujeres antes de ir a su apartamento?

—No sabía ni que existieran.

—¿Cómo entraba en los apartamentos?

—Tocaba el timbre y entraba.

—Antes de ir, ¿se preguntaba lo que iba a hacer? —Hablemos primero de Anna Slesers. Era una tarde... de verano... hacía calor. El sol brillaba. No parece real porque fue la primera.

Cerró los ojos mientras seguía hablando:

—Solo le hablo para descubrir la verdad. Aquel día salí para ir a pescar. Conducía un «Chevy 52» color verde. Trabajaba en los «Astilleros Monroe». Serían las cuatro. No tenía nada que hacer allí, pero fui. No sé cómo entré en su apartamento porque estaba en Back Bay. Tampoco sé por qué fui allí. Solo daba un paseo. De pronto me detuve. Llamé a la puerta. No quería dejarme entrar. Entonces le dije que debía efectuar un trabajo en su apartamento y me creyó; fuera había un andamio. Llevaba una bata azul muy suave. Vi luz en el cuarto de baño y la bañera se estaba llenando... había unas seis pulgadas de agua. Cuando entré cerró el grifo. Pasamos al saloncito cruzando por el dormitorio. Era un bonito dormitorio... de roble. Había un tocadiscos que tocaba muy bajo. Ahora me parece verdad.

Describió los muebles y demás accesorios del apartamento.

—Nos sentamos en un sofá para hablar. Se *volvió* (las cursivas son mías) para ir a la cocina que estaba muy oscura... y repentinamente sentí...

—¿Qué?

—Está ahí... la sensación... Jesús, como ahora... Dentro... Voy a estallar... Igual que ahora. —La cara y el cuello se le enrojecieron y se aflojó el cuello de la camisa—. Empecé a caminar. Tenía un trozo de metal en el bolsillo. Lo uso para pescar langostas con la red. Ahora recuerdo que le golpeé la cabeza y cayó sobre mí y la sangre me corría por encima... por la chaqueta y la camisa abierta, y... seguía echada sobre mí y la sangre corriendo. Me levanté y tuve que ponerle la cosa alrededor del cuello.

—¿Qué cosa?

—El cordón.

—¿De dónde?

El sudor le brotaba de la cara enrojecida y de pronto se me ocurrió que podría atacarme. Pero continuó hablando.

—El cordón azul de la bata.

—¿Por qué tenía que ponérselo?

—No lo sé. Le di tres vueltas y luego apreté... fui a la papelera y la vacié. Puse dentro la chaqueta y la camisa. Me sequé la sangre. Busqué algo para echarme encima. Recuerdo que fui a un armario de metal que tenía arriba veinte dólares y los cogí... Es la única vez que he robado algo de... de esas mujeres. ¿No es verdad? Encontré un impermeable. Las mangas me iban muy estrechas, pero me lo puse. Cuando atravesaba la calle dos guardias en un auto pasaron por mi lado. Entré en mi coche y me quité el impermeable... Debió ser así porque había mucha gente y nadie se fijó en mí. Me dirigí a Tremont Street. Paré a un negro y le pedí que subiera, y él entró en el coche. Le dije que me encontraba en un apuro: estaba acostado con una chica cuando de pronto se presentó el marido y tuve que salir sin la camisa. Le pedí que me acompañara a comprarme una camisa por si acaso no me creían y se ofreció. Encontré un almacén de prendas para el Ejército y la Marina y me compré una camisa. Él se quedó en el coche. Le llevé donde quiso ir... a dos manzanas más lejos, y lo dejé y seguí en el coche. Rompí el impermeable, la chaqueta y la camisa y los llevé a la parte del océano donde están construyendo la nueva carretera. La marea estaba baja pero crecía de prisa. Un hombre me miraba, pero no se preocupó de lo que hacía. Desgarré la ropa, envolví un par de piedras en algunas piezas y las arrojé al..,

«Es horrible volver una y otra vez sobre lo mismo... ¿Cómo es posible que pueda recordar un apartamento y decir de qué color eran las paredes, los cuadros, la alfombra? Nunca dejé huellas. Cuando entré no tenía idea de lo que iba a hacer. Debía de haber mucho odio en mi cerebro. Pensé... quizá mi esposa... quizá mi padre y también mi madre... y no quiero decirle todo lo que mi hermana hizo y mi padre y mi madre... y odiaba a la única en quien confiaba (Irmgard), de modo que tenía que verterlo sobre alguien. Tal vez quería estrangular a mi mujer.

—¿Lo probó alguna vez?

—Sí, señor. Lo intenté una vez y ella lo sabe... Una noche yo estaba apremiándola y ella yacía en la cama como un leño... Le dije que era mejor que yo me satisfaciera con las manos y me contestó: «He usado mi sexo para herirte... para devolverte todas esas cosas que has hecho durante estos años». Me echó la culpa de la deformidad de la niña... Entonces quise matarla.

—¿Por qué no lo hizo?

—No lo sé.

—¿Por qué no le bastó matar a Anna Slesers en sustitución de su esposa?

—Tal vez en mi mente tenía una idea falsa de que valía más... (deseo sexual de Irmgard), una esperanza falsa... Cuanto más le daba... como un hogar... menos me correspondía ella. No conseguía hacerla feliz.

—¿Qué sentía después de matar?

—Como si no hubiera pasado nada. Mire, por ejemplo, cuando lo de Nina Nichols. Ocurrió a las cinco o cinco y media. Llegué a casa a las seis, tomé una ducha y volví a bajar para jugar con mis hijos.

—¿Se siente culpable de algo?

—No, señor... Ahora, sí, pero entonces, no. Era una sensación diferente, como si yo no fuera yo. Aunque usted estuviera allí no podría creerlo. Por entonces volvía a casa en diez o quince minutos y charlaba con mi mujer o ponía la radio. Solo una vez me preocupé... una joven... está viva... un espejo la salvó. Cuando iba a estrangularla estaba frente a un espejo y me detuve cuando le vi la cara. No pude seguir.

—¿Cómo es que cesó después de Mary Sullivan?

Había esperado impaciente el momento de hacerle esta pregunta. Hasta ahora, en su confuso modo de expresarse, Albert había corroborado casi todas mis conjeturas sobre él. Había asesinado por venganza y por una necesidad sexual de retroceder a su niñez. Este retroceso a la infancia lo había precipitado —algo que no había adivinado— el desprecio de su esposa. El impulso de matar le sobrevenía cuando las mujeres le volvían la espalda. Mary Sullivan fue su última víctima, y lo adiviné porque ya se había vengado por última vez y también porque en cierto sentido se «curó» de su problema sexual. Había vuelto a ser un adulto.

La respuesta que me dio sobre Mary Sullivan fue vaga, confusa:

—Me recuerda mucho a mi hija. Era una muchacha bonita y simpática. No tiene sentido. Ni sé por qué cesé.

No obstante, continuó hablando de sus aventuras como «El Hombre Verde», que empezaron casi inmediatamente después de la muerte de Mary Sullivan. Según él —y su relato fue corroborado por los informes que algunas mujeres dieron a la policía—, «El Hombre Verde» no era vengativo ni siquiera duro. Muchas veces, si una mujer lloraba de un modo inconsolable o le rogaba durante un rato que se fuera, «El Hombre Verde», simplemente se levantaba y se iba. «Las tenía fuertemente atadas a la cama, con un cuchillo..., y entonces me paraba y decía: «Lo siento», y me marchaba». En ocasiones, llegaba incluso a aflojar las ligaduras de modo que pudieran soltarse a los pocos minutos de su marcha. Éste no era «El Estrangulador de Boston», sometido a una terrible venganza.

«El Hombre Verde» prefería realizar actos sexuales con mujeres que no solo estuvieran conscientes, sino que también respondieran con agrado; otra vez diferente de «El Estrangulador», que realizaba los actos con mujeres inconscientes o muertas. Al hablar del período en que era «El Hombre Verde», Albert usaba a menudo la palabra «violación» y hablaba de sí como de «un artista de la violación»; pero luego resultó que era un vocablo mal aplicado. Una violación, en el sentido riguroso de la palabra, es realizar el coito contra la voluntad de una mujer que lucha por evitarlo. «El Hombre Verde», al parecer, jamás forzó a ninguna víctima a efectuar el coito si no quería. Él «violaba» solo a las que se le brindaban.

Le pregunté qué entendía por «violación».

—Bueno, doctor, pues cuando una mujer comprensiva se pone de acuerdo conmigo, ¿no es eso?

—¿A qué se refiere al decir «se ponía de acuerdo conmigo»?

—Pues yo me acostaba a su lado, jugaba con ella y quizá se sentía... ya sabe..,

—¿Apasionada?

—Eso es.

Eso no era violación. No era venganza, ni el hurgar pueril de «El Estrangulador» en un cuerpo inerte. Aunque fuera anormal en todos aspectos, era el acto sexual de un hombre madurado. En efecto, «El Estrangulador» había conseguido una clase de «cura» cuando acabó con Mary Sullivan.

En esta primera sesión hablamos de otros muchos asuntos. Albert me habló de una alucinación que a veces le sobrecogía, una vaga sensación de que podía predecir el futuro. Se quejaba de las incomodidades de Bridgewater y en particular de la falta de personal entrenado en psiquiatría que le ayudara a comprender lo que había hecho. Cavilaba sobre sus impulsos sin llegar a una conclusión. Recordaba más detalles de su infancia. Actos sádicos con animales, actos de perversión sexual dentro de la familia. Empezó a divagar sobre la muerte. La larga entrevista le había cansado... y a mí también.

Le pregunté:

—¿Qué opina del juicio?

—No me importa. Me gustaría estar muerto. No tengo motivos para vivir ni para quedarme aquí treinta años.

—¿Ha intentado matarse alguna vez?

—No, señor. No estoy tan loco. No está en mi modo de ser. Todo lo que quiero es contar la verdad, y ellos (el personal de Bridgewater) no me dejan. He hecho cosas que quiero comprender por qué las hice... y saber la verdad.

Se reclinó en la mesa hacia mí e hizo un gesto como si extendiera las manos.

—Usted llama a las cosas por su nombre, habla como yo. Con usted aquí me siento a mis anchas...

Le miré y me costó mucho no apiadarme de él.

Saqué del bolsillo un trozo de papel y escribí dos palabras: «esquizofrénico paranoide». Volví a meter el papel en el bolsillo sin dejar de mirar a Albert. Sí, el diagnóstico era claro. Era un hombre que a veces se evadía de la realidad. Trece veces había entrado involuntariamente y sin premeditación en un mundo de violenta fantasía, en un mundo en el cual todos los procedimientos razonables quedan interrumpidos, y el autodominio, perdido. Trece mujeres habían muerto a manos suyas. Una hora después de cada muerte se había portado y sentido como otro hombre que no fuera él. Otro que hubiera cometido el aterrador crimen, y aun hoy, se sentía totalmente incapaz de explicar sus propios impulsos. Una parte de su mente se hallaba escondida fuera del control de la otra: la clásica «mente dividida» del esquizofrénico. Su naturaleza paranoide también era evidente: la sensación de que le han privado de lo que en justicia le pertenecía, el deseo abrumador de venganza.

Este hombre no era un psicópata. El psicópata se halla en contacto con la realidad; su problema reside en que lo trata de un modo equivocado. Cree sinceramente que el mundo le debe una vida, que la sociedad debería estar de acuerdo con sus deseos en lugar de estar él con los de la sociedad. Es «cuerdo» en la definición legal de la palabra; es decir, sabe lo que hace y es capaz de dominar sus actos. Si comete un crimen lo hace con premeditación y con vistas a una clara y tangible ganancia. Cuando lo atrapan empieza por negar el crimen; luego cae en excusas y coartadas («Nunca he tenido suerte en la vida, señoría»); y finalmente termina con gemidos y súplicas de piedad. Albert DeSalvo no había mostrado ninguna de estas características. No era un psicópata... y sin embargo, estaba seguro de que la acusación en el juicio trataría de demostrar que lo era.

Lo miré unos segundos más. Ciertamente, pocos hombres habían cometido tantos crímenes odiosos como Albert DeSalvo, y, no obstante, aún siento compasión por él. No, no le perdonaba sus horribles delitos, pero me afligía la firme convicción de que si este hombre hubiera nacido de una familia decente, nunca habría sido un criminal.

Esa creencia, fundada más en los deseos que en los hechos, resultaba una futilidad. Vacié la pipa y me levanté. Albert me ofreció un trozo de su segunda barra de caramelo. Sonreí y lo rehusé amablemente. Me estrechó la mano y se dirigió conmigo a la puerta.

—¿Volverá, doctor?

—Sí, Albert. Le veré de nuevo. Adiós.

—Hasta la vista.

Un guardia me escoltó a través de las puertas controladas eléctricamente y entré en un despacho vacío donde Hirsch Silverman me estaba esperando. Estaba ansioso por saber el resultado de las pruebas que le había hecho a Albert DeSalvo. Cabía la posibilidad —aunque remota— de que Albert hubiera estado mintiéndome durante las tres horas que duró la entrevista; que fuera de veras un psicópata que representaba inteligentemente el papel de un esquizofrénico. No es fácil para un hombre engañar de aquel modo a un experto psiquiatra; ni siquiera un hombre muy inteligente, y mucho menos uno que tiene un porcentaje I. Q. 97. No obstante, debía admitir aquella posibilidad. Así, que deseaba saber si mis averiguaciones eran o no corroboradas por las pruebas de Hirsch Silverman. Ni el embustero más listo del mundo puede engañar a un psiquiatra y a un psicólogo que trabajan juntos, especialmente cuando la tremenda exactitud del Rorschach forma parte del procedimiento.

Cuando entré en la habitación Hirsch levantó la vista de las pruebas:

—¿Cuerdo o enfermo mental?

—Enfermo mental.

—¿Diagnóstico?

—Esquizofrenia.

—¿Tipo?

—Paranoide.

Le entregué el pedazo de papel en el que había escrito el diagnóstico de Albert.

Durante las semanas siguientes examiné la copia de las entrevistas de John Bottomly con DeSalvo. No hallé ninguna discrepancia. Albert le había contado a Bottomly lo mismo que a mí.

Albert hablaba de sus sensaciones de despersonalización; la sensación de que «El Estrangulador» había sido otro hombre. «Era siempre lo mismo... la misma sensación... de que al salir del apartamento no había sucedido nada... Usted podría decir que me había visto y en lo que a mí se refiere no era yo. No sé explicárselo de otro modo».

Trataba de averiguar sus impulsos: «No había razón para que yo estuviera allí, en absoluto, ni tampoco para que muriera. Porque nunca les quité nada, ni dinero, ni nada. ¡Ay!, ¿cómo podría explicárselo? Y proseguía: «No sé si lo hice para cometer un acto sexual o por qué motivo, ¿comprende? Si era odio o qué era. Luego, el acto sexual después de eso (después de las estrangulaciones), ¿me sigue? Creo que en aquel momento no lo hacía para cometer un acto sexual, sino por el odio que sentía. ¿Por qué? No lo sé».

Intentaba adivinar por qué había registrado los apartamentos de las víctimas: «Eso es lo que quisiera saber... Ahora caigo que ella (una de las víctimas jóvenes) llevaba un anillo de brillantes. ¿Por qué no me lo llevé? Eso indica, lo digo sinceramente, que no buscaba para robar».

Albert estaba sencillamente desconcertado por sus impulsos. No sabía qué los motivaba. A Bottomly y a mí nos hizo una triste y desalentadora súplica para que le ayudáramos a comprender su mente: «Espero que algún día descubriré el verdadero motivo de cómo y por qué sucedió; pues creo que todo esto es mucho más complicado que ser solo un artista de la violación...»

Habría sido verdaderamente sorprendente oír estas palabras de boca de un psicópata.

El juicio de Albert por los delitos de «El Hombre Verde» estaba señalado para empezar el 9 de enero de 1967. Fui a Boston un día antes para hablar otra vez con él. Esta segunda entrevista fue más corta que la primera. El principal objetivo era reunir todas las pruebas específicas que Lee Bailey pudiera necesitar en el juicio, pero también quería satisfacer de un modo más completo mi curiosidad por Albert. No cesaba de preguntarme: ¿Hubo algún medio de prever sus problemas antes de estrangular a Anna Slesers? Si, por ejemplo, lo hubiera visto durante su época de «El Hombre de las Medidas», ¿habría localizado alguna señal que me pusiera sobre aviso? O en el supuesto de que fuera a un psiquiatra en el Ejército en 1956 y lo hubiera entrevistado cuando se alistó, ¿habría detectado por entonces alguna señal de peligro, yo, o cualquier otro psiquiatra?

Preguntas a las que no hallaba respuesta. Sabía que no podía contestarlas. No era lógico que me preocupase más. Pero las preguntas no contestadas son las que con más tenacidad se aferran a la mente. Dudo que estas preguntas se desvanezcan y me dejen en paz alguna vez.

Vi a Albert de nuevo en el mismo cuartito desnudo del Bridgewater State Hospital. Estaba más tranquilo que la vez anterior, más melancólico e introspectivo. Me causó la rara impresión de que se había encogido ligeramente; como si sus jugos vitales se hubieran ido secando poco a poco y empezara a marchitarse.

Hablamos unas dos horas. Al llegar a un punto le pregunté otra vez sobre sus impulsos, sus sensaciones cuando cometía el crimen. Me respondió:

—A esas mujeres... nunca les vi la cara. Solo veía que me daban la espalda y entonces el odio hacía presa en mí... principalmente hacia mi esposa, que cuanto más la deseaba menos me quería. Cada vez que estaba con otra mujer la odiaba más y, sin embargo, la amaba.

—¿Sabe lo que dice la ley de sus crímenes?

—Sí, lo sabía, pero no creo que influyera nada en mí... Aunque fueran a dispararme un tiro un minuto después, o hubiera estado allí un policía, tenía que hacerlo igualmente.

—No se preocupe de lo que dice la ley, ¿qué opina usted? ¿Tenía razón o estaba equivocado al obrar como lo hizo?

—Ahora sé que estaba equivocado.

—¿En tal caso...?

Meditó unos momentos:

—No sé, no puedo contestarle. Las estrangulaciones y eso (los delitos de «El Hombre Verde») sé que los hice, pero a mí no me lo parece... No me confunda; no diré nunca que no los cometí. Solo que a mí... no me lo parece.

Le pregunté:

—Albert, ¿cree que está loco?

—Solo sé que tengo un problema mental. Hace dos años que estoy aquí y ningún doctor me quiere escuchar. Ya no me importa lo que hagan conmigo.

—¿Cuándo tuvo esa sensación?

—Antes de entrar aquí. No quería sentirme separado... como si viviera dos vidas... Lo veo en la televisión y no creo que soy yo... Me da vergüenza. Me saca de quicio.

Cuando salí de Bridgewater encontré a Charlie Birnim, el socio de Lee Bailey, esperándome en el nuevo «Chrysler» tapizado de felpa. Tenía música estéreo y una mesita plegable. Entré y cerré la puerta.

—¿Volvemos a Boston? —preguntó Charlie.

Miré ante mí en dirección recta. Mis pensamientos eran tan lúgubres como los viejos edificios de Bridgewater. En aquel momento la suerte de Albert De- Salvo no me pareció buena. Teníamos un excelente apoyo en un alegato de locura, pero el público clamaba venganza. Los periódicos ya habían juzgado a Albert y lo habían declarado convicto. El jurado se sentiría indudablemente con el ánimo vengativo, y tenía la impresión de que mis palabras acerca de Albert serían desechadas como insensatos latiguillos freudianos.

—Lléveme a algún sitio donde pueda tomar una copa —le contesté a Charlie Birnim.

El juicio de Albert DeSalvo se abrió el 9 de enero de 1967 en el Tribunal Supremo del Distrito de Middlesex, en Cambridge, Massachusetts, donde habían ocurrido algunas de las estrangulaciones y aventuras de «El Hombre Verde». Tan pronto vi la sala mi pesimismo aumentó.

La sala del Tribunal sigue la pauta de las inglesas del siglo diecinueve. Todo un lado está ocupado por una larguísima mesa destinada al juez y al estrado de los testigos. La mitad del lado opuesto, por el estrado del jurado. En el medio hay un sector vallado para los abogados, el procesado, los guardias y demás personal del

Tribunal. La sala está decorada con sombrías maderas oscuras. El techo es altísimo, contra el cual el eco de las voces suenan a hueco. Hay un olor a rancio y a humedad y un aura tenebrosa. Al entrar, tuve la sensación de que me encontraba en Londres, un siglo atrás, y en una época en donde los enfermos mentales estaban encerrados en mazmorras. El juicio al que asistía hubiera podido ser el de «Jack el Destripador».

Mi ánimo se sintió aún más deprimido cuando vi al jurado. Muchos tenían el aire claramente puritano, estirado, formal, como si desaprobaran el sexo en sí. Los labios apretados, los ojos duros. Ya sabían que el procesado era culpable. No estaban dispuestos a escuchar nada en su defensa.

Donald Conn, ayudante del fiscal del distrito, era el principal acusador. Sus testigos más importantes eran cuatro mujeres víctimas de «El Hombre Verde». De mala gana y profundamente confusas, contaron al Tribunal con detalles lo que «El Hombre Verde» les había hecho. El jurado parecía tan pronto furioso como asombrado.

Los testigos principales de Lee Bailey eran dos psiquiatras: el doctor Robert Ross Mezer, de Boston, y yo. Aunque DeSalvo solo estaba procesado por los delitos de «El Hombre Verde», tuvimos que sacar a relucir las estrangulaciones como parte de su estado psiquiátrico. El fiscal Conn puso objeción a este punto, aunque no de una manera muy severa. Aunque podría estar preocupado por el uso que hacíamos de las estrangulaciones como la parte principal para un alegato de locura, sabía que estas conversaciones sobre las estrangulaciones harían más odioso a DeSalvo a los ojos del jurado y, por consiguiente, sería una ventaja para la acusación. El único problema de Conn era asegurarse de que nuestro alegato de locura no hiciera mella en el jurado.

Con gran sorpresa por mi parte, nuestra causa empezó a prosperar. Íbamos ganando puntos. De pie, en el estrado del testigo, hablé de la vida desgraciada de Albert DeSalvo y expliqué mi diagnóstico de esquizofrénico paranoide. Albert, que hasta aquel momento se había mostrado razonablemente animado durante el juicio, repentinamente apoyó la cabeza en los brazos y se echó a llorar. Por primera vez pensé que veía una pizca de compasión en los ojos del jurado.

Le llegó el turno a Donald Conn de interrogarme. Estaba decidido a demostrar que DeSalvo era un psicópata. Se hallaba provisto de documentación, entre la que se encontraban algunos diagnósticos hechos por el personal de Bridgewater.

Conn. —El personal de Bridgewater State Hospital acuerda que el diagnóstico de DeSalvo es trastornos de la personalidad psicopática, y el suyo es esquizofrenia. ¿No está de acuerdo con esos psiquiatras?

Brussel. —Ignoro a qué psiquiatras se refiere.

Conn. —¡Cómo! A los psiquiatras de Bridgewater State Hospital.

Brussel. —En aquella institución no hay ningún psiquiatra. En la profesión médica y en la mayoría de las jurisdicciones, un psiquiatra solo tiene derecho a ostentar ese título cuando ha recibido un certificado de especialista de la Junta Americana de Psiquiatría y Neurología.

Conn. —De acuerdo. El superintendente doctor Ames Robey tiene el certificado de psiquiatra.

No tuve que hacer ninguna señal a Lee Bailey. Al instante se puso de pie.

Bailey. —Su señoría. En la época a que el señor fiscal se refiere, el doctor Robey ya no era superintendente de Bridgewater.

Conn. —Entonces, ¿usted difiere de la opinión del personal de Bridgewater?

Brussel. —Sí.

Estaba contento de haber hecho mis ejercicios en casa y de haber estudiado, entre otras cosas, la lista del cuerpo médico de Bridgewater. Después de muchos años de aparecer como testigo en los juicios había aprendido la importancia de hacer los ejercicios. Otra lección que había aprendido es que un testigo no debe nunca dejarse influenciar ni aturdir por la actitud de un abogado contrario. Es muy normal dejarse influenciar por los sentimientos y puntos de vista de otra persona. Un buen abogado, debe por lo tanto comportarse con violencia y asombro ante el testimonio que oye, con la esperanza de que su actuación pueda confundir lo suficiente al testigo para hacerle cambiar de opinión. Donald Conn intentó esa táctica conmigo.

Conn. (Haciendo referencia a mi primer interrogatorio a DeSalvo). —Tres horas es un tiempo excesivamente corto, según la norma psiquiatra, para hacer un diagnóstico, ¿no le parece, doctor?

Brussel. —Con mis respetos, difiero de usted.

Conn. —¿Le hizo a DeSalvo un reconocimiento físico?

Brussel. —No.

Conn. —¿No se considera normalmente un buen procedimiento psiquiátrico?

Brussel. —Claro que no. El reconocimiento físico lo hace corrientemente otro doctor.

Conn. —¿No es difícil dar una opinión en cuanto a la responsabilidad criminal de un hombre por hechos perpetrados dos años antes del examen?

Brussel. —No lo encontré difícil. Los psiquiatras lo hacemos constantemente. Usamos un amplio cuadro que abarca muchos años atrás.

Conn intentó el mismo truco de mostrar una actitud incrédula cuando empezó a hablar de «impulsos irresistibles». Yo argumentaba que Albert DeSalvo no había podido controlar sus actos cuando cometía los crímenes. Esto no significaba que estuviera bajo un «impulso irresistible» las veinticuatro horas del día. Como intenté indicar, la mayor parte del tiempo se comportaba de una forma razonable, sucumbiendo al impulso solo cuando se le presentaba la circunstancia de que una mujer le volviera la espalda en una situación especial. Pero el fiscal trató de dar a la idea un giro jocoso. Yo permanecí tranquilo ante su ataque y recordé otra lección que había aprendido en otros juicios:

No temas ser un «mudo crónico» cuando la ocasión lo requiere.

Conn. —¿De modo que DeSalvo tenía un inmenso impulso irresistible?

Brussel. —No.

Conn. —¿Así que todo lo que hizo durante los veinte años que tuvo ese impulso irresistible fue causado por éste?

Brussel. —No.

Conn. —Así, según usted, ante este tribunal, Albert DeSalvo está afectado por un impulso irresistible.

Brussel. —No.

Conn. —¿Posee un impulso irresistible?

Brussel. —Sí.

A medida que proseguía con mis declaraciones pensé que descubriría una ingenuidad creciente en los rostros del jurado, un nuevo deseo de escuchar. No había duda que estábamos ganando puntos. ¿Era posible —me preguntaba—, era de veras posible que el jurado acabara por ver en Albert DeSalvo al hombre gravemente enfermo que era?

Nos apuntamos otro tanto cuando Lee Bailey leyó en el expediente una nota del personal de Bridgewater que yo había encontrado por casualidad. Estaba escrita cuando el doctor Ames Robey era superintendente. El doctor Robey había diagnosticado a Albert como «uno que está al borde de la esquizofrenia con algunas características paranoides», aproximadamente lo que yo había estado diciendo todo el tiempo. Y tuvimos un brillante éxito cuando el doctor Robert Mezer tomó la palabra. Él también había hablado con detenimiento con Albert y no dudaba sobre el diagnóstico de esquizofrenia. El jurado lo escuchó atentamente.

Yo pensé: ¡Vamos a lograrlo!

Pero fui demasiado optimista. El jurado escuchaba de buen grado a los psiquiatras, pero en cuanto Bob Mezer y yo dejamos de hablar se olvidaron de nuestras palabras. Recobraron en el acto el aspecto insensible, petrificado de antes. Una vez más contemplaron a DeSalvo como a un escorpión; no como a un hombre.

Lo declararon culpable. Lo condenaron a cadena perpetua.

Supongo que en cierto modo no era mucha la diferencia. Si Albert hubiera sido declarado loco habría pasado el resto de sus días en un hospital frenopático. Prisión u hospital, lo mismo daba; perdía para siempre la libertad.

Sin embargo, por otra parte, la diferencia era muy grande. Albert me había dicho repetidas veces, lo mismo que a otros, que deseaba le ayudaran a indagar los motivos que se escondían tras sus espantosos actos. Quería que lo pusieran en un lugar donde los psiquiatras y los psicólogos lo examinaran a fondo. En cierto modo, ese hombre desconcertante había esperado expiar parcialmente sus actos entregándose a la sociedad como un caso de estudio. Había esperado —como yo— que podríamos aprender en él algo apreciable; algo sobre los factores que producen un «Estrangulador de Boston» o un «Jack el Destripador», y sobre las posibilidades de diagnosticarlo y prevenirlo.

No sé lo que hubiera descubierto ese estudio. Hay muchas posibilidades. Por ejemplo, un reciente informe de Francia indica que el comportamiento criminal puede ser el resultado de anomalías heredadas en los cromosomas. Habría sido muy útil estudiar a Albert DeSalvo desde este punto de vista. Hay centenares de otras posibles vías de investigación que hubieran podido seguirse.

Pero habían arrojado la oportunidad por la borda. Albert fue devuelto a Bridgewater State Hospital pendiente de que lo trasladaran de un modo definitivo a una prisión más segura. Bridgewater, como Albert había observado, era más una cárcel que un hospital, con un personal tan deficiente que los internos recibían muy pocos cuidados profesionales. Si en Bridgewater hubiera habido especialistas para hablar con Albert, por lo menos de vez en cuando, él y la sociedad habrían extraído algunos beneficios de su breve estancia allí después del juicio. Pero la cosa no fue así.

Una noche de febrero de 1967, Albert DeSalvo y otros dos internados se fugaron del Bridgewater State Hospital.

La ciudad de Boston estaba aterrorizada. Al instante se organizó una persecución masiva. Los periódicos clamorearon la noticia con grandes titulares. Una vez más este asesino maníaco sexual andaba suelto. ¡Podría hallarse en cualquier parte! ¡Estaba libre para violar y matar!

Apenas se prestó atención a la nota que Albert dejó sobre la cama. En esta nota Albert pedía excusas por marcharse sin autorización. Explicaba que se iba porque necesitaba ayuda y porque en Bridgewater no hacían nada por él, ni terapéuticamente ni para descubrir las causas de sus hechos pasados. En la nota prometía que no causaría daño a nadie.

Tal vez fue lógico en aquel tiempo no hacer caso de la nota. Albert había sido declarado oficialmente psicópata. Si efectivamente fuera un psicópata podía considerarse la nota una mentira desde el principio hasta el fin. Es difícil imaginarse a un psicópata escribiendo tal nota, pero si la había escrito un psicópata por si fracasaba en la fuga, era lógico que consideraran insensata dicha nota.

¿Pero era Albert DeSalvo un psicópata? En el juicio declaré que no lo era y sigo creyéndolo.

Por lo visto, otros también compartían mi opinión. Los médicos que habíamos declarado en el juicio de Albert nos vimos acosados por los reporteros, que deseaban saber lo que pensábamos de la fuga. ¿Dónde creíamos que podía ir Albert? ¿Qué pensábamos que podría hacer? Uno de los que contestaron fue el doctor Robey, el ex superintendente del Bridgewater, y que en el juicio declaró que él pensaba que Albert era un psicópata. En una entrevista por radio, al día siguiente de la fuga de Albert, el doctor Robey pareció contradecirse. «No he visto a DeSalvo desde el juicio —dijo el doctor Robey—, pero no me sorprendería nada que hubiera empeorado considerablemente desde entonces».

Me pareció muy raro que el doctor Robey pudiera decir una cosa igual. Un psicópata no empeora. En todo caso, la característica dominante de su personalidad perturbada se agudiza con el tiempo. Solo hay un trastorno mental que de una forma característica empeore: la esquizofrenia.

Cuando los periodistas se me acercaron con sus provocativas preguntas les aconsejé que se calmaran. Les dije que no estaba en absoluto sorprendido por la fuga. Sabía desde hacía tiempo que Albert no estaba satisfecho con el tratamiento psiquiátrico que le aplicaban en Bridgewater. No podía decir que esperaba que se escapase, pero sí que tarde o temprano haría algo para dramatizar su desengaño.

Al preguntarme dónde pensaba que podría estar Albert repliqué que no creía que «hiciera» nada. Estaba seguro de que no causaría daño a nadie. Dije que se podía confiar por completo en la nota que había dejado sobre la cama. No se podía determinar adonde se había dirigido y era posible que ni él mismo tuviera un plan preconcebido, pero yo estaba seguro de que no reanudaría una carrera de crímenes y violaciones como muchas noticias dejaban entrever. Albert no era un psicópata que se habría paseado entre el mundo sin otro propósito que sacar ventaja. No se había escapado para cometer nuevos crímenes o satisfacer sus apetitos. Se había escapado por las razones que indicaba en la nota. Se hallaba simple y honestamente asombrado de su propia naturaleza y quería que le ayudasen a investigar los motivos. Su fuga fue una especie de llamada a la atención pública sobre su problema.

Dije que ningún psicópata se hubiera entregado voluntariamente después de una fuga. También pensé que era muy posible que Albert regresara a Bridgewater espontáneamente.

—Si vuelve —le dije a un periodista— consideraré mi diagnóstico suficientemente confirmado. Después de todo, no será fácil sostener la declaración de que es un psicópata.

—¿Cree de veras que volverá voluntariamente?

—No puedo decirlo. Lo que sí les diré es que no me sorprendería lo más mínimo. —Reflexioné un rato y agregué—: Desde luego, puede volver con los pies por delante.

Los periódicos de Boston y la televisión comunicaron mis opiniones. Algunos periodistas interpretaron la frase «con los pies por delante» como una sugerencia de que Albert podría suicidarse. No tenía sentido. Por el contrario, yo me refería a que Albert podía recibir una bala de algún policía que tuviera la mano demasiado ligera.

Afortunadamente no regresó con los pies por delante. Treinta y seis horas después de su fuga, Albert DeSalvo se entregó.

No había causado daño a nadie, como prometió en su nota. Se había visto con dos hermanos suyos, que le dieron una muda y algún dinero. Pasó el día corriendo en autobús a la ventura, escuchando las noticias de la persecución en un transistor. Pasó la noche en la bodega de una casa de Lynn, Massachusetts. Finalmente, el segundo día se dirigió a un almacén de ropa hecha, pidió permiso para usar el teléfono y llamó al despacho de Lee Bailey: «Se ha acabado —dijo—. Lléveme otra vez».

¿Por qué se había escapado? Al hacerle esta pregunta repitió lo que decía en su nota. Solo había querido dramatizar su posición. «Un hombre tiene una enfermedad mental... y nadie hace nada por ello». No quiso causar daño a nadie ni cometer nuevos crímenes. El único delito que cometió en aquellas treinta y seis horas fue el violentar la puerta de la bodega de Lynn. De hecho, más tarde se supo que uno de los dos internos de Bridgewater que se fugaron con él (y fueron capturados un día después) le propuso asaltar una casa para tener dinero para el viaje, pero Albert se negó rotundamente.

La fuga de Albert produjo por lo menos el resultado que él esperaba: consiguió su deseo de que lo sacasen de Bridgewater. Fue trasladado inmediatamente, pero por desgracia a un lugar donde la asistencia psiquiatra era aún menos intensa. Fue encerrado en la Walpole Prisión de Massachusetts, literalmente a prueba de fugas.

Y allí vive y envejece y quizá jamás salga Albert DeSalvo, «El Estrangulador de Boston». Diagnóstico: esquizofrenia.

Cuando pienso en Albert DeSalvo —y pienso en él muchas veces— no puedo evitar el hacerme esas preguntas que tantas veces me he repetido. ¿Y si las cosas hubieran sido diferentes? Supongamos que hubiera nacido en un hogar grato y apacible, con un padre enérgico pero cariñoso. ¿Y si en su vida *todas* las mujeres no le hubieran vuelto la espalda? ¿Habría sido todo distinto?

Nunca sabremos las respuestas a estas preguntas, aunque me gusta pensar que sí, su vida habría sido distinta. Pero las respuestas a estas preguntas solo *podríamos* saberlas si tuviéramos el juicio suficiente de tratar a los criminales enfermos como personas enfermas, en lugar de encerrarlos arrinconándolos y olvidándonos de ellos. Estas respuestas proporcionarían al científico valiosas y nuevas percepciones al misterio más desafiador de todos: la mente humana. Sin embargo, nunca conoceremos estas respuestas, *nunca,* mientras Albert DeSalvo y otros como él permanezcan encerrados inútilmente tras los barrotes de hierro de una prisión.

Espero que algún día la sociedad se dará cuenta de que debemos hacer algo más con los criminales locos como Albert DeSalvo, en lugar de arrinconarlos para toda la vida y a buen recaudo en instituciones donde apenas hay, si es que la hay, investigación psiquiátrica. Debemos estudiar a esas personas con el intento de descubrir qué les llevó a actuar de una forma criminal. Con esto no quiero decir que la psiquiatría pueda proporcionar la respuesta. Ésta la puede suministrar un bioquímico, un genético, un bacteriólogo, si en efecto existe una respuesta. Con raras excepciones, las instituciones en este país, para criminales locos, son miserables albergues de prisión permanente. Recientemente, el 20 de mayo de 1968, el juez Henry W. Lengyel, del Tribunal de Apelación del Estado de Nueva York, dijo del Matteawan State Hospital —donde está confinado George Metesky—: «Si no ha de ser más que un corral en el que arrojemos todo lo que es ofensivo para la «sociedad normal», entonces seamos honestos y denominémoslo como tal.»

6.

EL CASO COPPOLINO

Empezó, como la mayor parte de mis aventuras, con una llamada telefónica. El teléfono sonó una mañana triste y gris de diciembre de 1966. La llamada la hizo Teri Plaut, la encantadora y eficiente secretaria de Lee Bailey. Me dijo: «Doctor, pase por aquí tan pronto como pueda».

Al decir «pase por aquí», se refería a Freehold, en Nueva Jersey, donde su jefe era en aquel momento el abogado defensor de uno de los casos criminales más curiosos de los años sesenta.

Por la Prensa sabía que era el segundo día en que se veía la causa. Algo inesperado debió de pasar para que Lee Bailey me llamara de pronto. Generalmente, es un hombre que forja los planes con tiempo. Perfila su estrategia que usará en la causa y alecciona a sus testigos mucho antes de aparecer ante el tribunal. Lo sabía desde que trabajé con él en el caso de «El Estrangulador de Boston». ¿Qué se proponía? ¿Para qué me necesitaba?

Intrigado, revisé rápidamente en mi mente el trabajo del día. No había nada en mi agenda que no se pudiera aplazar.

—De acuerdo —le dije a Teri—, estaré ahí hacia el mediodía.

—¡Magnífico! —exclamó, y me pareció que se quitaba un peso de encima—. El señor Bailey le estará muy agradecido.

—Quizá no lo esté tanto cuando reciba la factura.

—¿Qué dice?

—Nada. Hasta luego.

De este modo entré a formar parte del desconcertante y polifacético caso del doctor Carl Coppolino. Cuando acabó mi participación en el caso hubiera deseado que aquella mañana de diciembre mi teléfono no hubiera funcionado. El caso Coppolino fue uno de los pocos que se me han presentado en que nunca pude formarme una idea clara de quien era el criminal —o para ser más preciso, qué crimen o crímenes, si los hubo, se habían cometido. Fue, tal vez, el caso más asombroso de mi carrera. Un caso hecho de sombrías verdades a medias y vagas suposiciones; un caso en el que se hallaban envueltas muchas personas que se comportaban de un modo desviado y a veces inexplicable. Se dijeron muchas mentiras pero es difícil exponerlas como tales. Sin duda, también se dijeron algunas verdades, pero fue imposible demostrarlas. Al final, y hoy sigue todavía igual, había tantas teorías sobre el caso como personas tratando de llegar hasta su fondo.

Algunos casos en los que he participado han sido relativamente sencillos; el de Coppolino lo he elegido para demostrarles que no siempre es igual y de qué modo pueden llegar a complicarse las circunstancias humanas.

A principios de 1960, un constructor compró en los suburbios de Middletown, Nueva Jersey, una gran extensión de bosques y praderas de superficie ligeramente ondulada. La fueron allanando con cuidado a fin de conservar el mayor número de árboles, construyó carreteras y delineó parcelas para edificar casas cuyo precio resultaría a unos 35.000 dólares. Llamó a aquel sector Fox Run. Iba a ser una urbanización que abarcaría a personas de la clase media y adinerada.

No tardaron en surgir compradores, pues Fox Run prometía ser un lugar excelente con unos atractivos alrededores. Había personas de distintas clases, social y económica. Hombres que debían trasladarse diariamente a Manhattan. Quizás el urbanista se preguntó al conocerlos qué tal resultarían como vecinos.

Un matrimonio llamado Coppolino compró una parcela en el número 35 de Wallace Road. Los Coppolino eran dos médicos. El doctor Carl Coppolino, un hombre de unos treinta años, moreno, delgado, extraordinariamente nervioso, de espesas cejas oscuras y una prominente nariz aguileña, era anestesista de un hospital de las cercanías. Carmela Anne Coppolino, era una joven de veintinueve años, esbelta, morena, atractiva, de aspecto sosegado y alegre. Trabajaba en un laboratorio farmacéutico de Nutley, Nueva Jersey. Los Coppolino tenían dos hijos.

Mientras se elevaba la nueva casa de los Coppolino de estilo colonial, otra casa se construía en sentido diagonal a la suya al otro lado de la calle. Esta casa situada en el número 50 de Wallace Road era para un matrimonio de edad mediana llamado Farber. El teniente coronel William Farber, de cincuenta años, era un veterano de la guerra, condecorado, que se había retirado hacía poco del ejército. Cobraba una paga por incapacidad física a causa de una enfermedad del corazón y tenía un empleo de ejecutivo en una compañía de seguros de Nueva York. Era un hombre robusto, de rostro cuadrado y risueño. Su esposa, Marjorie, parecía mucho más joven que él aun cuando tenía cuarenta y siete años. Cuando se casó con Farber estaba divorciada. Tenía un lindo rostro redondo y una figura que muchas jovencitas se sentirían orgullosas de poseer. Los Farber tenían dos hijas.

Poco a poco Fox Run empezó a cambiar de fisonomía y de un mar de lodo se convirtió en un barrio cuidado. Las casas se terminaron. Las familias se trasladaron a sus respectivas viviendas, que empezaron a adquirir un aspecto más hogareño.

Paseos con césped y arbustos cubrían la tierra removida y poco a poco las familias se relacionaron entre sí.

Los Coppolino y los Farber se conocieron en un *party* de vecinos e inmediatamente se hicieron amigos. A finales de 1962 y en el invierno y la primavera de 1963, los cuatro salían juntos casi todos los fines de semana. Algunas veces con otros matrimonios y otras, solos. Jugaban a las cartas, cenaban juntos y acudían a fiestas y espectáculos. Llegaron a ser el centro de un típico grupo social de la clase media elevada; por lo menos durante algún tiempo.

Pero las cosas empezaron a tomar otro cariz —algunas de una forma manifiesta, otras, más disimulada. En casa de los Farber empezaron a aparecer señales de descontento. El coronel Farbers que había tomado parte activa en la Segunda Guerra Mundial y en la de Corea, había esperado que esta nueva vida le devolviera la paz y el sosiego. Aunque era un hombre afable no quería pasar todas las noches y los fines de semana en un carrusel de actividades sociales. La mayoría de las veces prefería que lo dejaran solo en el tranquilo aislamiento de su jardín. Su esposa, Marge, por el contrario, le gustaba salir donde hubiera movimiento. Su ansia de divertirse crecía constantemente; tomaba lecciones de golf y de decoración de interiores; se inscribió en un club de equitación y acudía cada vez con más frecuencia a las reuniones sin su marido.

En el hogar de los Coppolino, el cambio fue más brusco.

Un día Carl, al llegar a su casa anunció a todos los vecinos que había dimitido en su puesto en el hospital a causa de una enfermedad del corazón. Dicha enfermedad podía ser un motivo parcial para su dimisión, pero en realidad, existía otro factor que no contó a los vecinos (y que luego se supo en el juicio). Se vio envuelto en un áspero altercado con una enfermera anestesista y le había enviado una carta amenazadora. Nunca se supo el contenido de la carta ni las circunstancias que lo provocaron, pero sea como fuere, tomó parte el FBI. Temiendo una publicidad desfavorable, las autoridades del hospital decidieron prescindir de los servicios de Connolino.

No se buscó otro empleo; en cambio, él y su mujer («Carm», como él la llamaba) se pusieron a trabajar en un libro sobre alcoholismo, *The Billion-Dollar Hangover (La resaca del billón de dólares).* Ella conservó su trabajo en el laboratorio y ayudaba a Carl en el libro por la noche.

Durante el día, al estar ausentes Carmela y el coronel, Carl Coppolino y Marge se veían con frecuencia. Formaban una extraña pareja. Marge era vivaracha, le gustaba estar donde hubiera gente y bullicio. Carl, siempre había sido un hombre singularmente pacífico. En realidad, como más tarde informó el *Newsweek,* había sido tan tímido y retraído en la Universidad de Fordham que los redactores, al escribir su biografía en el anuario solo se les ocurrió añadir de él: «Se especializó en química.» Sin embargo, la alegre Marge Farber se sentía profundamente atraída por este hombre taciturno.

Una cosa trajo la otra. Al principio, él solía ir a su casa o Marge a la de él para tratar del libro. Ella había sido alcohólica y perteneció a la Sociedad de Alcohólicos Anónimos. De vez en cuando lo acompañaba a la ciudad conduciendo su coche cuando él se lamentaba de que la enfermedad del corazón le hacía sentirse demasiado débil. Marge fumaba mucho y un día tras una risueña sugerencia de Carmela, Carl se ofreció a ayudarla a romper con el hábito por medio de una serie de sesiones hipnóticas. La hipnotizó varias veces y en efecto, dejó de fumar durante un tiempo. En recompensa, Marge, hábil aficionada al arte pictórico, le hizo su retrato.

Carl y Marge se hicieron amantes. Esto es todo lo que se sabe pues muy poco más pudo conocerse sobre los acontecimientos que siguieron.

El coronel Farber y Carmela Coppolino, ¿sabían lo que pasaba en Fox Run mientras ellos estaban fuera trabajando? Tal vez no. O, por otra parte, lo sabían y no le daban importancia. Lo cierto es que se mostraban impasibles. Una noche de invierno, mientras estaban los cuatro reunidos tomando café y charlando, Carl manifestó que le gustaría ir a Florida a pasar unas semanas para acelerar su convalecencia y a la vez dar un empujón al libro. Como su esposa no podía dejar el empleo, ¿no sería una buena idea que Marge se fuera con él y lo cuidase? Aunque parezca extraño los dos matrimonios lo aprobaron unánimemente. De este modo, a principios de 1963, Carl y Marge se fueron juntos a Florida mientras sus respectivos cónyuges se quedaban tranquilamente en Fox Run. A muchos vecinos les pareció que llevaban su tolerancia demasiado lejos.

Unas semanas después, felices y bronceados por el sol, los dos amantes regresaron a Fox Run, y la vida siguió más o menos como antes. Carl se extasiaba al hablar de Florida. Contó a sus vecinos que mientras permaneció allí estuvo viendo algunos terrenos con la idea de edificar una casa algún día. Le entusiasmaba pensar aue podría vivir en alguna isla del litoral o en un islote. Le fascinaba la vida retirada en una isla.

El 30 de julio de 1963, el coronel William Farber murió repentinamente en su casa.

Es comprensible que en esos casos las personas se aturdan; se encuentren desorientadas y confusas y luego no puedan recordar con precisión lo que ha sucedido. Eso fue lo que pasó al morir Farber. Nadie supo después lo que había hecho en la hora que siguió a la tragedia. Todo lo que se supo es que Carmela fue a casa de los Farber y extendió, como médico, el certificado de defunción, alegando que la causa de la muerte era debida a una trombosis coronaria.

Ahora quedaban tres. El trío permanecía junto la mayor parte del tiempo, asistía a fiestas y a la iglesia. Los vecinos pensaron que los Coppolino hacían bien en consolar a Marge en su aflicción.

En la primavera de 1965, Carl vio finalmente realizado su sueño de vivir en Florida. El matrimonio vendió la casa de Fox Run y se trasladó a una modesta pero linda casita estucada de blanco en el elegante islote denominado Longboat Key, cerca de Sarasota. Marge Farber parecía incapaz de vivir sin ellos. Dos meses después, también vendió la casa de Fox Run y junto con sus dos hijas se trasladó a una casa junto a la de los Coppolino, en Longboat Key.

El 28 de agosto de 1965, Carmela Coppolino murió de repente en su casa a la edad de treinta y dos años. La doctora Juliette Karow, médico de Sarasota, acudió para certificar el óbito. Habló con Carl quien (según confesó ella más tarde) dijo que Carmela el día antes había experimentado un fuerte dolor en el pecho. Añadió también que aquella mañana la encontró muerta en la cama. La doctora Karow examinó el cuerpo y dictaminó la causa de la muerte: trombosis coronaria.

Ahora quedaban dos.

O es lo que Marge se creyó. Desgraciadamente para ella, Carl ya no era el amante apasionado de Fox Run. Él y Carmela acudían a fiestas de sociedad sin Marge, y Carl se mostraba solícito y galante con otras mujeres. En una partida de bridge conoció a una linda divorciada, morena, de treinta y ocho años, llamada Mary Gibson. Mary declaró en el juicio que sus rentas oscilaban únicamente entre los 8.000 y los 10.000 dólares anuales, pero se rumoreaba que había ganado al divorciarse una sabrosa suma y era propietaria de una elegante villa en el elegante sector de Forest Lakes Country Club, de Sarasota. Seis semanas después de la muerte de Carmela, Carl Coppolino se casó con Mary Gibson y se trasladó a su villa.

Ahora solo quedaba una. Marge Farber; sola y desamparada, en Longboat Key. ¿Cuáles serían sus sentimientos? Con toda seguridad, rabia. ¿Un odio profundo hacia Carl que la había dejado plantada? Tal vez. Lo que pasaba por la mente de Marge Farber llegó a ser más tarde de gran trascendencia pero nunca se llegó a saber por completo.

Lo que se supo es que *a* finales de 1965 habló al padre de Carmela y al sheriff Ross Bover, del distrito de Sarasota. Dijo que «algo raro» había en la muerte de Carmela y también en la del coronel Farber fallecido dos años antes.

Boyer escuchó el relato. Le pareció (como luego a otras personas), que la mujer se hallaba muy confusa. Lo que contó carecía de consistencia; un relato lleno de baches y cosas inverosímiles. Además, cuando le pedían que repitiera parte de la historia cada vez la contaba de una manera distinta. De todas formas, el sheriff Boyer creyó lo más razonable hacer algunas averiguaciones. No podía archivar el caso y olvidarlo. Era demasiado extraño. Marge Farber acusaba a Carl Coppolino de asesinato.

El sheriff Boyer empezó una discreta investigación que poco a poco fue ampliándose hasta alcanzar las autoridades policiales de Florida y Nueva Jersey. Los cuerpos del coronel Farber y de Carmela Coppolino fueron desenterrados. Médicos, químicos y otros expertos examinaron los cadáveres y expusieron sus opiniones. El caso estalló entre los medios de difusión. Era una historia sensacional que merecía salir en la primera página, una historia de sexo y crimen en un barrio de gente rica.

¿Asesinato? Bueno, posiblemente, pero era difícil afirmarlo.

El tema principal del relato de Marge Farber era que su esposo, y sospechaba que también Carmela, había sido asesinado con una droga llamada cloruro de succinilcolina. Como anestesiólogo, Carl Cappolino debía conocer bien dicha droga. Según Marge, Carl había hecho algunos comentarios sobre esa droga refiriendo que era un arma ideal para un crimen, pues al no dejar huellas en el cadáver no había pruebas externas de que la droga hubiera sido la causa de la muerte. En una versión de su historia, Marge dijo que Carl le había entregado una dosis mortal y que ella, siguiendo sus instrucciones, se le había inyectado a su marido. En otra versión, alegó que ella estaba junto a Carl cuando éste se la inyectó. Todavía contó una nueva versión, manifestó que la droga no había conseguido acabar por completo con su esposo y que Carl y ella lo habían sofocado con una almohada.

¿Qué versión, si había alguna, era la auténtica? Nadie pudo descubrirlo. No hay duda de que el cloruro de succinilcolina podría emplearse para matar. Es una droga común, conocida por los médicos bajo diversos nombres comerciales, como Sucostrin (Squibb) y Anectine (Burrough Wellcome). Se presenta en forma de polvo blanco y para usarla se disuelve en un recipiente de cristal que contenga un líquido aséptico. Se puede administrar por vía hipodérmica o intravenosa. Su principal efecto es la relajación muscular. En psiquiatría usamos pequeñas dosis durante la terapia del electroshock. En cirugía se usan dosis más fuertes, unas dosis que serían mortales si no estuviera presente el anestesista para contrarrestar los efectos. En esas dosis, la droga deja los músculos del paciente completamente flácidos, incluyendo los músculos que se emplean para respirar. El paciente no puede respirar por sí solo; el anestesista lo conserva vivo haciéndole trabajar los pulmones. Sin ayuda de esta respiración artificial el paciente moriría rápidamente con la apariencia tranquila y pacífica.

¿Acaso el coronel Farber y Carmela Coppolino murieron de ese modo? Al examinar los tejidos de los cuerpos algunos expertos creyeron encontrar residuos de cloruro de succinilcolina. Pero otros expertos, igualmente eminentes, encontraron que tanto Carmela como el coronel habían muerto de sendos ataques al corazón, como decía el certificado médico.

Sin embargo, había una prueba circunstancial contra Carl Coppolino. Antes de producirse ambas muertes había tenido acceso al suministro de cloruro de succinilcolina y estuvo cerca del lugar donde se produjeron los óbitos. Además, resultó que Carmela había aumentado hacía poco tiempo su seguro de vida. No era una fortuna: de 50.000 a 65.000 dólares, pero lo suficiente para añadir más sospechas a las que ya estaban amontonando.

En julio de 1966, un *grand jury* (jurado compuesto de 12 a 23 miembros) de Nueva Jersey presentó una acusación contra Carl Coppolino acusándole de haber asesinado al teniente coronel Farber. Pocos días después, un *grand jury* de Florida lo acusó de haber asesinado a su esposa.

En diciembre de 1966, se abrió el proceso en Free- hold, Nueva Jersey.

Había seguido en la prensa el desarrollo de este sensacional y confuso caso y como psiquiatra me interesaba particularmente la cuestión de los motivos.

¿Por qué Carl Coppolino había querido matar al coronel Farber? ¿Por qué Carl quería a la esposa de Farber para él? Esta sugerencia es la que daban los periódicos; no obstante, a mí no me convencía en absoluto. Carl podía seguir con Marge Farber aun cuando el coronel viviera. ¿Por qué correr el riesgo de cometer un crimen? Aunque Carl estuviera locamente enamorado de Marge, ¿era necesario correr aquel peligro? Y, como se demostró luego, al casarse con Mary Gibson, no estaba tan enamorado de Marge. Por lo mismo, ¿qué beneficio le reportaba la muerte del coronel?

¿Y qué decir de su esposa? El motivo, en este caso, parecía un poco más concreto. Dijeron que la había matado para casarse con Mary Gibson, compartir su dinero y a la vez cobrar los 65.000 dólares del seguro de vida de Carmela.

Pero la prueba era circunstancial y no se ajustaba del todo.

Los motivos de Marge Farber eran más profundos, de otra índole. La opinión general era que sentía un amargo rencor hacia Carl y descargaba su ira en él. En efecto, la principal estrategia de Lee Bailey en la defensa de Carl Coppolino fue describir a Marge Farber como una mujer burlada —una mujer que forjaba fantásticas fábulas para vengarse—. Sin embargo, en algunas de las diversas versiones de su relato se complicaba en el asesinato de su marido: refirió que le había administrado la droga mortal o que le había ayudado a sofocarlo con una almohada. Si el relato era un invento, ¿por qué se comprometía de ese modo?

¿Quizá para hacerlo más verídico? ¿Para darle un tono de «testimonio»?

Podía ser. Pensemos por un momento, como Lee Bailey esperaba demostrar, que Marge había forjado toda aquella historia. Me la imaginaba siendo interrogada una y otra vez por los agentes de la policía. Se hallaba en un estado extraordinariamente emocional, furiosa contra Carl, ansiosa de que lo castigasen aún a costa de ella misma. Para hacer más sospechosa la acusación de asesinato, dice: «De acuerdo, lo confieso. Yo estaba en la habitación cuando mató a mi marido. Yo le *ayudé.*»

Después, quizá se arrepintió de haberse complicado de ese modo. Pero, al mismo tiempo, en su anhelo apasionado por herir al hombre que la había abandonado, le pareció el único sistema.

Por mi parte no eran más que suposiciones. El relato de Marge pudo haber sido cierto, o todo, o en parte. Y no obstante...

Y no obstante, si una parte del relato era cierto, ¿por qué insistía en contradecirse? Dio la explicación de que se hallaba asustada y confundida a la vez por la muerte de su esposo —de tal modo que no podía recordar con claridad las secuencias de los acontecimientos ni separar la acción de su aturdido pensamiento—. Se concibe tal estado mental. Los recuerdos raras veces son claros después de algún terrible acontecimiento —un hecho que irrita a la policía cuando interroga a los testigos de un crimen. A veces hay tantas versiones del relato como testigos. Marge podía haber estado simplemente confundida. Por otra parte, como Lee Bailey esperaba demostrar, podía haber estado mintiendo deliberadamente en alguna o en todas las versiones del relato.

De todos modos, era imposible conocer la verdad. ¿Había matado Carl al coronel él solo? ¿Le había ayudado Marge? ¿Había cometido el asesinato Marge sola? ¿O había muerto el coronel de un ataque normal al corazón?

Todas esas preguntas se barajaban en mi cabeza mientras me dirigía a Freehold aquella mañana de diciembre. Llegué al Palacio de Justicia poco antes de la tregua del mediodía.

Freehold es un atractivo barrio residencial. Antiguamente había sido un pueblo de labradores, pero la inexorable expansión del área metropolitana de Nueva York lo había absorbido y ahora es en gran parte un barrio para hombres de negocio y sus familias. El Palacio de Justicia es un viejo edificio de ladrillo que bajo el blanco cielo invernal parece impenetrablemente misterioso. Me sentí pesimista. ¿Acaso nunca se desenredaría el misterio que ahora albergaba aquel edificio?

Después de un ligero almuerzo, Lee Bailey me llevó a la biblioteca del Palacio de Justicia y me entregó una copia del testimonio de Marge del día anterior.

—Cuando lo hayas leído —me dijo— comprenderás por qué te necesito. Marge Farber ha vuelto a cambiar su declaración otra vez.

—¿Otra versión? —le miré asombrado.

—Exacto, y nos cogió a todos por sorpresa incluyendo al fiscal. ¿Sabes lo que dice ahora? Dice que le ayudó a matar a su marido porque Coppolino la hipnotizó y le obligó a hacer lo que él quiso.

—¿La *hipnotizó?*

—Eso es lo que dice. Proclama que se hallaba bajo su hechizo hace un año o más después de hipnotizarla para quitarle el hábito de fumar. Alega que no tiene voluntad propia y que hace todo lo que Coppolino le manda. ¿Es posible?

—No es probable.

—Eso es lo que pienso, por eso deseo que declares.

Me puse a examinar superficialmente la copia. No disponía de mucho tiempo pero me las compuse para asimilar la declaración de Marge. Explicaba toda su actuación en el caso afirmando que se encontraba bajo una influencia hipnótica. Carl Coppolino la había hipnotizado para quitarle el hábito del tabaco y había llevado la hipnosis a otros aspectos de su vida. No sabía lo que le sucedía. Se convirtió en una marioneta cuyos hilos movía Carl a voluntad. Cuando le ordenó que lo ayudara a matar a su esposo, dijo que se sintió irresistiblemente impulsada a obedecerle sin saber por qué.

Aquella historia me pareció descabellada y me pregunté qué objeto tenía. ¿Por qué Marge, repentinamente, había sacado a relucir la hipnosis después de no haberla mencionado durante todos aquellos meses antes del juicio?

Se insinuaba una posibilidad. Tal vez, como ya había sospechado que sucedería, Marge estaba ahora arrepentida de haberse complicado ella misma en el presunto asesinato de su esposo. Quizá esta nueva versión de la hipnosis la había ideado para salir del atolladero —para aligerar o apartar de ella la responsabilidad criminal de la que se había acusado.

Tal vez. Por otra parte, ella creía cierto que estaba hipnotizada para ayudar a asesinar a su esposo. El caso se iba complicando por momentos. Mi pesimismo aumentó. Tenía la sensación desconcertante de que la verdad desaparecía, se perdía irreparablemente como una joya que se hundía en un remolino de aguas cenagosas.

Entré en la sala del tribunal y ocupé mi puesto en cuanto empezó la sesión de la tarde. Lee Bailey confiaba sobre todo en los médicos para eximir a Coppolino de la acusación de asesinato. En primer lugar estaban los doctores Richard Ford y Joseph S. Spelman, médicos forenses de Boston y Filadelfia respectivamente.

Los dos mostraron pruebas evidentes de que William Farber padecía una lesión de corazón y podía haber fallecido de un ataque al corazón. Dudaban de que hubiera muerto de una inyección con una droga mortal o por sofocación o estrangulación con una almohada; por lo menos demostraron que no había prueba segura que justificara ninguna conclusión. El jurado escuchaba atentamente a los dos. El fiscal Vincent Keuper no pudo encontrar ningún resquicio en su armadura profesional.

Junto al estrado de los testigos había dos hombres peritos en hipnosis: el doctor Leo Wollman, obstétrico y presidente de la Sociedad de Hipnosis Clínica y Experimental de Nueva York y yo.

Después de haberme presentado como médico psiquiatra que sabe cómo se usa la hipnosis, Lee Bailey me preguntó:

—¿Es posible que alguien se sienta forzado a cometer un acto criminal bajo los efectos de la hipnosis? Me refiero a un acto que por otra parte no quisiera realizar.

Contesté lisa y llanamente:

—No. No hay poder hipnótico que le obligue si ante todo no se siente inclinado a hacerlo —señalé que si la hipnosis pudiera obligar a la gente a hacer lo que no quiere, los déspotas como Hitler hubieran tenido a toda la población hipnotizada en una obediencia de esclavo. Las tropas podrían ser hipnotizadas hasta llegar al descuido total de su propia seguridad. Ese hechizo mágico aún no se había inventado, excepto en las novelas de ciencia-ficción. Si la señora Farber quería hacer algo bajo hipnosis, lo haría. Si no lo quería, no hay poder hipnótico que pudiera obligarla.

El fiscal Keuper trató de hacer pedazos mi testimonio. Quería que yo admitiera que «una persona puede ser hipnotizada para que realice algo». Empezó por conseguir que yo admitiera un punto, luego quiso que admitiera otros.

Keuper. —La señora Farber dijo que a veces se hallaba bajo el impulso de realizar ciertos actos. Aunque otras veces, poco antes, o poco después, se sentía completamente libre de todo impulso. Doctor, ¿es compatible con lo que sabemos sobre el estado hipnótico?

Brussel. —Sí, lo es.

Keuper. —Si yo fumara y fuera a verle porque quiero dejar de fumar, ¿podría inculcarme una sugestión poshipnótica en mi cerebro de modo que no fumara durante el resto de la semana?

Brussel. —Sí... porque usted no deseaba seguir fumando.

Keuper. —Si al finalizar la semana quisiera continuar sin fumar, ¿podría usted hacer algo para prolongar su sugestión hipnótica?

Brussel. —No puedo contestar a esa pregunta. No hay dos cerebros iguales.

Keuper. —¿Podría inculcar una sugestión pos- hipnótica que durase toda la vida?

Brussel. —Posiblemente, pero lo que puedo decirle honestamente es que nadie sabría si usted reaccionaba bajo mi hipnosis, o reaccionaba a su propio deseo de dejar de fumar. Soy tan sincero como puedo.

Keuper. —Pero la sugestión de dejar de fumar ¿me vino de una hipnosis?

Brussel. —No, la sugestión, en realidad, salió de usted. No habría ido nunca a consultar a un hipnotizador si no hubiera querido dejar de fumar.

Keuper. —¿Puede decir al jurado qué es en realidad la hipnosis?

Brussel. —Nadie puede decirlo.

Keuper. —Si una sugestión poshipnótica dura toda la vida, ¿no tendría en cuenta la hipnosis y no la buena voluntad del sujeto?

Brussel. —No puedo darle una respuesta honesta...

El fiscal Keuper siguió dando vueltas al asunto del tabaco, sin duda porque por ese motivo empezó el impulso que sentía Marge Farber de obedecer a Carl Coppolino.

Keuper. —Entonces, si quiero dejar de fumar y voy a verle a usted, ¿podría sacarme el hábito hipnotizándome?

Brussel. —Si su deseo consciente estuviera respaldado por un deseo inconsciente, es decir, si su inconsciente tuviera miedo del tabaco como una amenaza a su vida. En tal caso, sí podría. Si no existe ese deseo inconsciente, no podría.

Keuper. —¡Vamos, doctor! ¿Podría o no podría hipnotizarme para que dejara de fumar?

Brussel. —Si su inconsciente lo quisiera, sí. De lo contrario, no.

Keuper. —De acuerdo, digamos que usted *consiguió* hipnotizarme, ¿cuánto tiempo duraría el hechizo? ¿Siempre? ¿Un año? ¿Un mes?

Brussel. —Mientras su inconsciente tuviera miedo de fumar.

El fiscal Keuper no llegaba a ninguna conclusión. Su ira iba en aumento. Lee Bailey, que percibe rápidamente el temple de las personas y agarra todas las oportunidades para sacar provecho, contribuyó deliberadamente a aumentar el malestar de Keuper. Bailey no dejaba de moverse en la silla mirando al fiscal con una débil sonrisa. A medida que la marcha del juicio se iba volviendo contra él, a Keuper le resultaba cada vez más difícil hacer ver que no se daba cuenta; hasta que por último ya no pudo resistirlo.

—¡Su Señoría! —exclamó—. ¡Dígale que deje de mirarme!

El juez suspiró.

—Señor Bailey —dijo—, tenga la bondad de dejar de mirar al señor Keuper.

—Sí, Su Señoría —dijo Bailey contrito—, lo siento.

Éste fue uno de los pocos puntos que el fiscal Keuper ganó.

El jurado deliberó durante cuatro horas y media y regresó con el veredicto: Car Coppolino era inocente de complicidad en la muerte del coronel Farber.

Marge Farber estaba indignada. Carl Coppolino, pulcramente vestido con un traje oscuro, sonrió al salir de la sala escoltado por los guardias. Lo llevaron inmediatamente a Florida donde le esperaba otro juicio por el asesinato de su esposa.

En mayo de 1967, un jurado de Florida encontró culpable a Carl Coppolino de la muerte de su esposa con cloruro de succinilcolina.

Lo más curioso es que el veredicto declaraba asesinato en segundo grado, lo cual, según la ley de Florida, significa asesinato sin premeditación. Para muchos observadores el veredicto era una paradoja. ¿Cómo se puede conseguir una droga y preparar una inyección sin premeditación?

Sin embargo, ese fue el veredicto. Carl Coppolino fue condenado a cadena perpetua. Lee Bailey presentó inmediatamente un recurso del veredicto y un nuevo juicio le espera a Carl en el futuro.

¿Cometió de verdad un asesinato? ¿Se cometieron en efecto, esos asesinatos? En ese caso, ¿quién mató al coronel Farber y a Carmela Coppolino?, ¿o fallecieron de muerte natural?

Poco después de cerrarse el caso Coppolino en Nueva Jersey, el fiscal Vincent Keuper trató de abordar el misterio desde un nuevo ángulo. Pidió un jurado de acusación para procesar a Marge Farber por el asesinato de su esposo. El jurado se negó a apoyarle por falta de pruebas.

Desde entonces me han preguntado muchas veces mi opinión sobre ese caso. Pero no tengo respuesta. Ni siquiera he tenido lo que se llama una corazonada.

El episodio Coppolino-Farber sigue siendo para mí el caso más desconcertante. Muchas veces intento descifrarlo pero sin llegar a ninguna conclusión. Reúno un grupo de factores que parecen conducir a una hipótesis viable, pero en seguida, otro grupo de factores la derriba. Al final solo puedo convenir como Hamlet: hay muchas más cosas en los cielos y en la tierra, Jim Brussel, que lo que imagina tu filosofía o tu psiquiatría.

En cierto aspecto puede parecer raro que termine este libro con un fracaso, o si no es un fracaso, tampoco es un éxito rotundo. Lo he terminado de esta manera por una razón: quiero seguir siendo humilde. Solamente el humilde puede seguir aprendiendo.

Tal vez en algunos de los relatos anteriores de mis encuentros con el crimen me he mostrado poco humilde. Puede ser que me haya dejado influir por la victoria que me han procurado mis deducciones e intuiciones; con este último caso hago una rectificación para mantenerme flaco y hambriento, dispuesto para la próxima vez que suene mi teléfono y un agente de policía diga:

–Doctor Brussel, tenemos un caso que nos preocupa mucho...

FICHERO DE UN PSIQUIATRA CRIMINALISTA,
de JAMES A. BRUSSEL, se imprimió
en la República Argentina en octubre de 2019.

www.ingramcontent.com/pod-product-compliance
Lightning Source LLC
LaVergne TN
LVHW082239051026
849532LV00012B/4044